COURS PRATIQUE DE JAPONAIS

—

Enseignement élémentaire. — IIe partie

ÉLÉMENTS

DE LA

GRAMMAIRE JAPONAISE

(LANGUE VULGAIRE)

PAR

LÉON DE ROSNY

PROFESSEUR A L'ÉCOLE SPÉCIALE DES LANGUES ORIENTALES VIVANTES

Publié par décision du Ministre de l'Instruction publique.

PARIS

MAISONNEUVE ET Cie, LIBRAIRES-ÉDITEURS

45, QUAI VOLTAIRE, 45.

—

1873

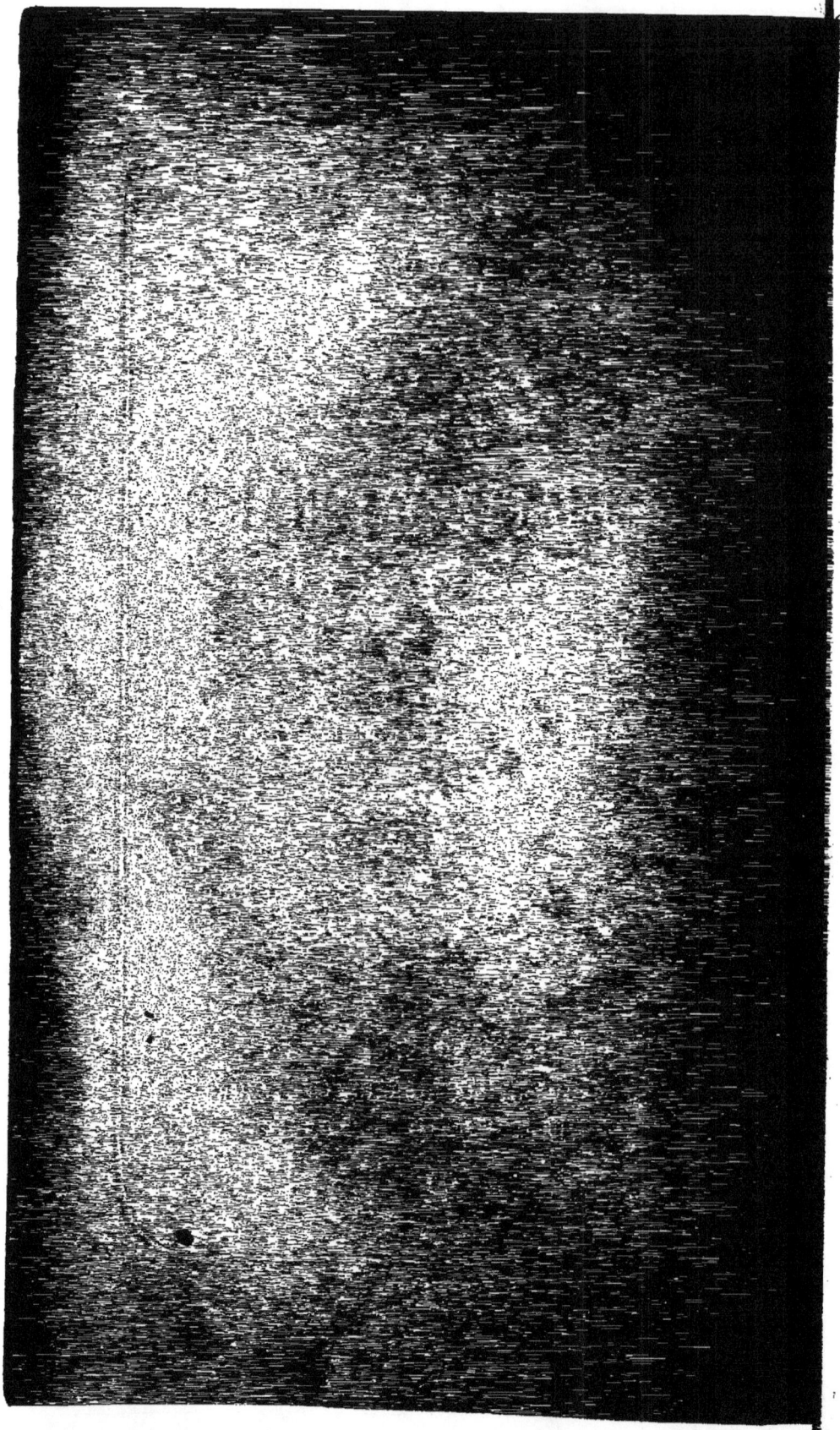

COURS PRATIQUE DE JAPONAIS

ENSEIGNEMENT ÉLÉMENTAIRE

II

GRAMMAIRE JAPONAISE

MAISONNEUVE ET CIE, LIBRAIRES-ÉDITEURS

15, Quai Voltaire, à la Tour de Babel.

Principales publications

Du professeur De ROSNY.

INTRODUCTION A L'ÉTUDE DE LA LANGUE JAPONAISE. *Paris,* 1856; un vol. in-4° avec planches.

TRAITÉ DE L'ÉDUCATION DES VERS A SOIE AU JAPON, traduit pour la première fois du japonais. *Troisième édition,* revue, corrigée, et accompagnée de planches nouvelles et d'échantillons de soieries japonaises. *Paris, Imprimerie nationale,* 1871; un vol. in-8°.

Cet ouvrage a été traduit en italien par M. Félix Franceschini, et publié à Milan, chez l'éditeur Brigola. Une 4e édition abrégée a été publiée à Nancy.

ANTHOLOGIE JAPONAISE. Poésies anciennes et modernes des insulaires du Nippon, traduites en français et publiées avec le texte original. Avec une préface, par Ed. Laboulaye, de l'Institut. Paris, 1871; un vol. in-8°.

ARCHIVES PALÉOGRAPHIQUES DE L'ORIENT ET DE L'AMÉRIQUE, publiées avec des notices historiques et philologiques. Texte et Atlas. *Paris,* 1872; deux vol. in-8°.

ÉTUDES ASIATIQUES de géographie et d'histoire. *Paris,* 1864; un vol. in-8°.

VARIÉTÉS ORIENTALES, historiques, géographiques, scientifiques, bibliographiques et littéraires. *Deuxième édition. Paris,* 1869; in-8°.

Troisième édition, format in-18.

SOUS PRESSE :

TEXTES CHINOIS ANCIENS ET MODERNES, traduits pour la première fois dans une langue européenne. Tome Ier. Un vol. in-8°, avec planches lithographiques.

École de Confucius. — Doctrine des Tao-sse. — Bouddhisme. — Philosophie. — Ethnographie. — Sciences naturelles. — Géographie. — Histoire. — Archéologie. — Numismatique. — Beaux-Arts. — Poésie. — Théâtre. — Romans. — Contes et nouvelles. — Apologues.

PARIS. — J. CLAYE, IMPRIMEUR, 7, RUE SAINT-BENOIT. — [359]

ÉLÉMENTS

DE LA

GRAMMAIRE JAPONAISE

(*LANGUE VULGAIRE*)

PAR

LÉON DE ROSNY

PROFESSEUR A L'ÉCOLE SPÉCIALE DES LANGUES ORIENTALES VIVANTES

Publié par décision du Ministre de l'Instruction publique.

PARIS

MAISONNEUVE ET Cᴵᴱ, LIBRAIRES-ÉDITEURS

15, QUAI VOLTAIRE, 15

1873

PRÉFACE.

L ES premières grammaires japonaises à l'usage des Européens datent du commencement du XVIIᵉ siècle. Composées par les missionnaires catholiques, leurs auteurs ne jugèrent pas à propos d'y traiter de l'écriture indigène, dans laquelle ils voyaient une œuvre du démon [1], et se bornèrent en conséquence à transcrire les mots en caractères latins. Si ces grammaires n'avaient eu pour but que d'enseigner la langue parlée, cette notation en lettres européennes eût présenté plutôt un avantage qu'un inconvénient;

---

1. Pr. Fr. Melchor Oyanguren de Santa Ines, *Arte de la lengua japona*, p. 1.

car, dans ce cas, les signes sont d'une utilité
secondaire, puisqu'en définitive en parlant on
émet des sons et non point des signes, et les commençants qui ne se proposent que d'apprendre
le style de la conversation ne peuvent que gagner
à éloigner, au début de leur étude, l'immense
étalage de la paléographie sinico-japonaise.
Malheureusement, dans ces grammaires, tous les
styles — et il en est peut-être un plus grand
nombre au Japon que partout ailleurs — ont été
confondus; de telle sorte qu'elles n'ont point
servi à nous apprendre la langue vulgaire et
encore moins la langue écrite.

L'aperçu grammatical que j'ai fait paraître[1], il
y a plus de dix-sept ans, a été le premier essai
de grammaire publié avec le concours des signes
idéographiques, concours non-seulement utile,
mais indispensable pour l'étude de tous les textes
japonais, quelles qu'en soient la nature et la
destination. Cet aperçu, malgré les nombreuses
imperfections que j'y ai reconnues depuis son ap-
parition, a été accueilli avec une grande bien-

---

1. *Introduction à l'étude de la langue japonaise.* Paris (Maisonneuve et Cᵉ, éditeurs), 1856; in-4°, avec planches lithographiques.

veillance comme constituant alors un progrès dans nos études[1]. Sa publication a été suivie par celle de plusieurs autres grammaires, qui ont à leur tour motivé, pour la plupart, de nouveaux progrès dans la connaissance du *japonais écrit*.

Il fallut toutefois l'arrivée en Europe de la première ambassade du Syôgoun pour permettre aux japonistes de posséder d'une manière précise les variations importantes qui caractérisent les divers styles japonais, et notamment le *style de la conversation*. Qu'il me suffise de rappeler à cet égard que les verbes auxiliaires de l'idiome vulgaire et de courtoisie paraissaient ignorés jusque-là aux auteurs de tous les livres d'enseignement, qui n'en faisaient pas même l'objet d'une simple mention!

Depuis cette époque mémorable pour nos études, plusieurs nouvelles *grammaires* ont vu le jour. Parmi celles-ci, il faut surtout citer celle de M. le professeur J. Hoffmann, de Leyde, tant à cause de son étendue que pour la remarquable érudition avec laquelle elle a été composée. Après une publication de cette impor-

---

[1]. Voyez plus loin l'opinion de plusieurs savants sur cette publication.

tance, une nouvelle grammaire ne saurait avoir
un caractère de nouveauté, si ce n'était la profonde différence qui caractérise les divers styles
japonais et fait qu'un ouvrage qui traite de tous
en même temps, ne saurait en aucune façon donner une idée claire de l'un d'eux en particulier.
Les personnes qui se livrent à l'étude de la
langue parlée des Japonais jugeront d'ailleurs de
l'opportunité du livre que nous leur offrons aujourd'hui.

La présente grammaire de la langue japonaise
vulgaire, bien qu'elle renferme à peu près tout
ce qui est nécessaire aux commençants, aurait
pu être l'objet de quelques utiles développe-
ments. J'aurais voulu notamment préciser, par
l'énonciation de règles aussi succinctes que
possible, les principes de formation de certaines phrases propres au génie japonais et
dont j'ai réuni une série d'exemples dans la
troisième partie de l'ouvrage. J'aurais voulu y
joindre également une collection de formules des-
tinées à rendre certaines nuances intéressantes
de notre style de la conversation et les idiotismes
les plus répandus dans la langue du Nippon. La
nécessité de ne point dépasser les limites fixées

par les éditeurs pour la publication des diverses parties du *Cours pratique* m'a forcé de renoncer à ce projet, ainsi qu'à l'impression d'un essai de syntaxe que j'avais préparé pour mes élèves. Ces omissions n'auront cependant pas de graves conséquences, et j'aurai les moyens de les réparer dans les volumes du recueil qu'il me reste à faire paraître.

Avant de terminer, qu'il me soit permis de rappeler que, sur les vingt parties du *Cours pratique de japonais,* la moitié est déjà entre les mains des étudiants. Le *Manuel du style épistolaire et du style diplomatique* (partie XVIII) va être livré à l'impression et pourra être publié dans le courant de l'année prochaine, ainsi que l'*Introduction à l'étude de la langue japonaise* (partie VIII), qui est complétement rédigée. Je dois ajouter enfin que le *Résumé des principales connaissances nécessaires pour l'étude de la langue japonaise* (partie I) est complétement épuisé et va être l'objet d'une seconde édition, entièrement refondue et augmentée.

Léon de Rosny.

Luxembourg, le 24 septembre 1872.

JUGEMENTS DE DIVERS SAVANTS

SUR

L'INTRODUCTION A L'ÉTUDE DE LA LANGUE JAPONAISE

publiée en 1856

PAR LÉON DE ROSNY.

Journal asiatique (Rapport annuel).

M. de Rosny a publié une *Introduction à l'étude de la langue japonaise* qui forme la tête de son *Dictionnaire japonais-français-anglais*. Dans cette grammaire, l'auteur traite brièvement, mais avec beaucoup de clarté, des formes grammaticales du japonais, et s'étend avec soin sur ce système d'écriture qui, par sa nature syllabique, par l'emploi habituel de formes cursives et l'étrange mélange de chinois qu'il admet, est un des plus compliqués qui existent, et forme à l'entrée de cette étude un obstacle qui, au premier moment, paraît insurmontable. M. de Rosny nous fait connaître tous les systèmes d'écriture usités au Japon, les analyse et en montre l'application et la lecture par des planches extrêmement bien exécutées. C'est le premier et jusqu'ici le seul travail de ce genre qui ait paru, et il doit faciliter puissamment l'intelligence de la langue japonaise.

Jules Mohl, de l'Institut.

Journal asiatique (juin 1857).

Aujourd'hui M. Léon de Rosny débute, par une *Introduction à l'étude de la langue japonaise,* dans la belle, mais ingrate carrière qu'il se promet de continuer.

L'auteur explique comment il s'est servi du *Syo-gen-zi-ko*, dictionnaire japonais publié par Siebold, comment il s'est aidé des ouvrages laissés par les anciens missionnaires au Japon; puis, indiquant d'autres sources dans lesquelles il lui a été permis de puiser, il cite avec éloges les publications de MM. J. Hoffmann, de Leyde, et de M. Aug. Pfizmaier, de Vienne. M. de Rosny a donc entrepris sur le japonais un travail analogue à celui que M. Conon de la Gabelentz a exécuté sur le mandchou. C'est avec le puissant secours du chinois qu'il a étudié la langue japonaise.

Mais il n'en est pas de cette langue comme du mandchou, et nous devons convenir que l'*Introduction à l'étude de la langue japonaise* exigeait un travail préparatoire extrêmement pénible. M. de Rosny ne s'en est pas effrayé. Son premier chapitre, sur l'origine des Japonais, n'a pas beaucoup de rapports avec la grammaire; mais le deuxième, consacré à l'usage des caractères chinois, et surtout le troisième, où il traite de l'écriture, valent mieux que le premier. L'auteur expose le système compliqué de l'écriture japonaise, système que le P. Oyanguren qualifiait autrefois d'artifice du démon, ayant pour objet d'augmenter les peines des ministres du saint Évangile. Il se compose principalement du *kata-kana* et du *fira-kana*, c'est-à-dire de deux syllabaires que les Japonais ont construits avec quarante-sept caractères chinois, lesquels formaient originairement une chanson. Le *kata-kana* est fondé sur des caractères corrects; le *fira-kana*, le *yamato-kana*, l'*irofa* de Zyak-seo, etc., ont pour base des caractères cursifs. Il y a aussi un *man-yô-kana* correct et un *man-yô-kana* cursif. Au troisième chapitre, dans lequel on trouve quatre planches d'une fort belle exécution, nous pouvons rattacher tout de suite les chapitres VI, VII et VIII, qui contiennent des renseignements sur la forme et la division des livres japonais; un très-joli *fac-simile*, des exercices de lecture, une table des principales clefs chinoises suivant la forme *thsao* ou cursive, une autre table des deux cent quatorze clefs, avec la transcription de chacune d'elles en caractères *kata-kana*, sa prononciation japonaise, sa signification et le mot qui répond au signe chinois dans la langue vulgaire. Du reste, la transcription japonaise que l'on trouve par-

tout dans l'ouvrage prouve que l'auteur, déjà exercé à la lecture
du chinois, s'est familiarisé avec les écritures du Japon.

La grammaire proprement dite est l'objet du quatrième chapitre, qui occupe quarante pages in-4°. Ce chapitre forme la partie principale du travail. L'auteur s'est très-sagement borné aux
parties du discours. Il a étudié, la plume à la main, comparé tous
les textes japonais qui étaient à sa portée; mais ne s'est-il pas
quelquefois trompé en décomposant les phrases de ces textes? Je
l'ignore. Étranger moi-même à la connaissance du japonais, je
ne saurais décider si M. de Rosny est arrivé par sa méthode à
une interprétation exacte des valeurs qu'il assigne aux terminai-
sons et aux particules.

L'ouvrage est terminé par un index des caractères chinois
contenus dans l'Introduction.

Que l'auteur n'oublie pas que c'est en se procurant des textes
et en les traduisant qu'il pourra perfectionner l'étude de la langue
japonaise. Dans l'Introduction qu'il vient de publier, il a exposé
les éléments de la langue, analysé les parties du discours, fourni
un assez grand nombre d'exemples, choisis presque tous dans les
auteurs originaux, assigné à chaque mot sa signification, à chaque
particule une valeur. Il a enfin débrouillé le système de l'écriture
japonaise. C'est déjà un assez beau résultat : on doit lui en tenir
compte.

A. Bazin,

Professeur de chinois moderne à l'École spéciale des langues orientales.

Annales de philosophie chrétienne (juillet 1857).

Parmi les langues de l'Asie orientale, il en est une qui, depuis
de longues années, excitait considérablement la curiosité des
savants et des orientalistes. Mais malheureusement on manquait
des secours nécessaires pour en faciliter l'intelligence, et, faute de
grammaire et de dictionnaires exacts et serviables, la connaissance
de la langue japonaise et de sa littérature n'a pu être acquise par

les célèbres orientalistes de la première moitié de ce siècle. M. de Rosny, ayant compris tout d'abord combien était regrettable cette fâcheuse lacune dans le domaine de la science philologique, résolut d'entreprendre l'étude du japonais à l'aide des ouvrages chinois traitant de ce sujet et que les principales bibliothèques de Paris mettaient à sa disposition. Après plusieurs années de recherches dans cette direction, il est parvenu à rédiger le volume que nous annonçons aujourd'hui et qui, sous le titre d'*Introduction,* renferme des notions assez détaillées sur l'écriture des Japonais, sur les éléments de la grammaire, et en un mot tous les renseignements nécessaires pour entreprendre l'étude des livres originaux des insulaires de l'extrême Orient.

La langue japonaise est extrêmement intéressante sous plusieurs rapports : elle diffère complétement, quant au fond, de l'idiome des Chinois; mais elle se rattache à celui-ci par son écriture qui, bien que paraissant au premier coup d'œil entièrement distincte de celle de la Chine, n'en est cependant pas moins une dégradation ou une dérivation. Mais, bien que d'origine chinoise, l'écriture japonaise est cependant encore plus difficile à lire que cette première, car tous les caractères chinois (on en compte plus de 80,000 dans les grands lexiques) sont susceptibles d'être mêlés, sous une foule de formes diverses, aux sept syllabaires japonais qui s'emploient simultanément dans les livres indigènes; d'où l'on peut conclure que le nombre de caractères différents que l'on est susceptible de rencontrer dans les ouvrages japonais dépasse le nombre de 100 à 150,000 : nombre effrayant, si l'on songe que ces signes sont extrêmement cursifs et n'ont rien d'arrêté dans leurs formes. M. de Rosny est le premier qui ait exposé nettement ce système d'écriture, que les anciens missionnaires portugais qualifiaient, non sans raison, d'artifice du démon, ayant pour objet d'augmenter les peines des ministres du saint Évangile.

A. Bonnetty.

Bulletin de la Société de géographie.

Ces deux ouvrages, dus à un jeune et savant orientaliste, quoique purement philologiques, intéressent à un haut degré l'ethnologie et par suite la géographie.

L'Introduction, destinée à servir, en quelque sorte, de préliminaire au Dictionnaire, renferme les premiers éléments de la langue japonaise et des notions assez étendues sur les différents syllabaires en usage au Japon. Le chapitre Ier est consacré à la classification linguistique du japonais et à la détermination de ses rapports avec l'idiome des îles Lou-tchou. M. de Rosny établit que ces deux langues se rattachent directement au groupe tartare, mais par la grammaire seulement; car leur vocabulaire est complétement différent et ne présente que quelques analogies fictives et insignifiantes. — Le chinois, bien que complétement distinct, quant au fond, de la langue des insulaires de l'île Niffon, tient chez eux une place trop importante dans la littérature et le commerce journalier pour qu'un *japonisant* puisse se dispenser d'en étudier au moins les premiers rudiments. Mais le chinois du Japon diffère, sous plusieurs rapports, de celui qu'on parle au Céleste-Empire, et des renseignements particuliers sont nécessaires pour en faciliter l'étude même au sinologue. C'est à ces renseignements que M. de Rosny a consacré le second chapitre de son *Introduction*. Au troisième, il traite de l'écriture japonaise, écriture qui paraît être l'une des plus compliquées que l'on connaisse. Trois syllabaires principaux, entre plusieurs autres, figurent dans les livres; on les désigne sous les noms de *fira-kana*, de *man-yô-kana* et de *kata-kana*. On peut assez exactement comparer ces trois systèmes d'écriture, d'après leur usage respectif, à nos lettres *romaines,* *capitales* et *italiques.* Plusieurs planches de syllabaires suivis d'exercices de lecture gradués complètent la troisième partie de l'*Introduction.* — Immédiatement après, M. de Rosny entre dans la partie purement grammaticale de son travail. Les exemples sont figurés d'abord en signes originaux, puis transcrits en lettres italiques, et accompagnés de la traduction chinoise, afin sans doute de faciliter aux sinologues les moyens de compléter et de contrôler la version française que l'auteur donne en dernier lieu.

Les autres chapitres renferment des fragments de textes japonais avec notes et traduction. Je citerai de préférence un curieux passage tiré d'un des livres de Confucius. M. de Rosny l'a publié avec le texte original chinois, une traduction japonaise interlinéaire, une littérale en latin et une mot à mot en français, une autre libre; enfin, à titre de comparaison, il a donné l'équivalent mandchou du même morceau écrit avec les caractères originaux et transcrit ensuite en lettres romaines avec le français sous chaque mot. Des index terminent l'ouvrage.

Je passe au Dictionnaire. Nous n'avons encore sous les yeux que la première livraison. Elle présente dans une première colonne les mots japonais écrits en caractères *kata-kana;* la seconde contient la transcription en lettres européennes, l'équivalent chinois des mots d'origine chinoise, enfin deux explications des mots, l'une en français, l'autre en anglais. Voici, d'après les renseignements qu'il m'a communiqués, quels matériaux M. de Rosny a mis à contribution pour ce dictionnaire. Il a extrait d'un grand dictionnaire japonais-chinois une série de mots qu'il a relevés sur des cartes, traduits en français et complétés à l'aide d'autres vocabulaires originaux et spéciaux que les grandes bibliothèques publiques ont mis à sa disposition ; il a contrôlé l'exactitude du vocabulaire ainsi dressé, par les travaux antérieurs des missionnaires espagnols et portugais qui avaient visité le Japon; enfin il a enrichi son manuscrit de toutes les explications que lui fournissaient les textes japonais qu'il a pu se procurer. M. de Rosny a apporté des soins tout particuliers aux termes d'histoire naturelle et surtout à ceux de botanique. Une bonne partie des synonymies sont le résultat de ses recherches propres. La langue bouddhique est également représentée dans ce lexique, et l'auteur a joint pour ses mots l'équivalent sanscrit en caractères *dévanagari*. Enfin la géographie et la mythologie ont également trouvé place dans son répertoire. — Espérons que la suite du travail répondra au commencement.

Je terminerai cette courte analyse en rappelant que l'étude de

la langue japonaise est non-seulement en elle-même d'un extrême
intérêt, mais qu'elle doit encore nous faire connaître à fond une
grande civilisation presque entièrement ignorée de l'Europe, et
nous permettra d'entrer en rapport avec un des peuples les plus
avancés de toute l'Asie tant dans les sciences que dans les lettres
et les arts.

Alfred Maury, de l'Institut.

Revue des sociétés savantes (septembre 1867).

On n'avait eu jusqu'à présent, pour étudier la langue et la littérature japonaises, que la Grammaire du père Rodriguez et la
Bibliotheca japonica de M. de Siebold. Mais ces ouvrages très-
incomplets, très-difficiles à comprendre, manquant de méthode et
de clarté, nuisaient aux efforts des orientalistes et ne pouvaient
leur servir. Il y avait donc là une lacune, lacune d'autant plus
sérieuse en ce moment que, par suite des derniers traités, les bar-
rières qui fermaient si complétement le Japon aux Européens
disparaissent chaque jour, et que nos relations avec ces terres
inconnues vont devenir nombreuses et suivies. M. de Rosny l'a
compris et sa publication, qui sera prochainement suivie d'une
seconde plus importante encore, un Dictionnaire japonais-français-
anglais, a pour but de venir en aide aux études philologiques.
L'*Introduction à l'étude de la langue japonaise* résume en quelques pages tout ce que l'on sait aujourd'hui sur cet idiome. L'auteur débute par un essai sur les origines de la langue japonaise,
dans lequel il examine les diverses opinions émises à ce sujet.
Dans deux chapitres consacrés au rôle des caractères chinois dans
la littérature japonaise, il donne quelques notions élémentaires
sur les textes sinico-japonais, que jusqu'à présent, faute de notions
suffisantes, on n'avait pu bien comprendre. Enfin il aborde la
grammaire proprement dite, et il donne un aperçu des livres
japonais; il termine par des exercices de lecture et un index des
mots chinois et sanscrits contenus dans son travail.

Louandre.

L'*Union*, du 11 juillet 1858.

C'est surtout à ceux qu'une vocation divine appelle à cette œuvre d'évangélisation et qui s'y préparent dans l'étude et le recueillement que nous recommanderons l'ouvrage récemment publié par un jeune et savant orientaliste, M. Léon de Rosny. La langue japonaise est presque absolument ignorée en Europe, et jusqu'ici la connaissance en était demeurée le monopole exclusif de quelques Hollandais. Aucun ouvrage méthodique n'en exposait les éléments, à l'exception de la grammaire du P. Rodriguez, très-incomplète et remontant à une date fort ancienne. Sinologue fort habile, malgré sa jeunesse, il a courageusement abordé l'étude difficile et rebutante du japonais. Un plein succès a couronné ses efforts, et l'*Introduction à l'étude de la langue japonaise* qu'il vient de donner au public est un travail scientifique tout à fait estimable. C'est avec ce guide qu'on devra étudier désormais l'idiome du Japon et rechercher sa place dans la série des langues; c'est avec lui que les nouveaux missionnaires apprendront à lire et à parler le japonais. M. de Rosny, par son livre, a rendu un grand service aussi bien à la propagation de l'Évangile qu'à la science de la philologie comparée.

François Lenormant.

Revue orientale et américaine.

Malgré deux siècles de prédication active du christianisme au Japon, malgré les relations commerciales avec cet empire que les Hollandais n'ont cessé d'entretenir depuis la fin du xvie siècle jusqu'à nos jours, les moyens de nous occuper de l'étude de la langue, et surtout de l'écriture japonaise, sont demeurés à peu près nuls en Europe. Les grammaires des PP. Rodriguez et Collado, soigneusement calquées sur la grammaire latine, et dans lesquelles le génie propre de la langue japonaise est presque toujours méconnu, telles ont été jusqu'à présent les seules ressources dont on ait eu la disposition en Europe pour connaître un des plus curieux idiomes de l'Asie. Encore ces grammaires n'étaient-elles bonnes tout au plus que pour apprendre la langue parlée; l'écriture et la littérature nous restaient inaccessibles, aucun caractère japonais n'ayant été employé dans les ouvrages de ces missionnaires. Quant aux Hollandais, bien qu'ils aient eu seuls, pour ainsi dire, en Europe, le monopole de la langue, comme celui du commerce japonais, ils n'ont pas jugé à propos de tenir les autres nations au courant de leurs connaissances.

M. de Rosny, dans son *Introduction à l'étude de la langue japonaise,* joint à l'étude de la grammaire japonaise des renseignements très-précieux sur toutes les écritures usitées au Japon. Grâce à ses efforts, le déchiffrement des ouvrages, soit imprimés, soit manuscrits, n'offrira plus de difficultés insurmontables. Il ne nous reste plus qu'à attendre la publication complète de son grand Dictionnaire japonais-anglais-français pour pouvoir compter désormais la langue des insulaires du Japon au nombre des idiomes dont l'étude nous est, sinon facile, du moins fort possible et parfaitement abordable.

H. de Charencey.

Proeve eener Japansche Spraakkunst, van J. H. Donker Curtius, 1857 (publié en hollandais, avec des additions par le Dr J. Hoffmann). Préface de la traduction française de M. Pages.

Parmi les savants européens, les premiers qui liront ce livre seront sans doute MM. Stanislas Julien, Wilhelm Schott, Auguste Pfizmaier et Léon de Rosny. Les deux premiers sont profondément instruits dans la langue chinoise et dans les autres idiomes de la haute Asie, et les deux autres ont fait une étude spéciale de la langue japonaise.

C'est avec une satisfaction très-vive que nous avons vu paraître l'*Introduction à l'étude de la langue japonaise,* de M. Léon de

Rosny. Nous avons lu le rapport de M. A. Bazin, publié dans le *Journal asiatique* (juin 1857). Après avoir examiné le livre, nous devons témoigner à l'auteur notre approbation sympathique pour ses travaux.

J. Hoffmann,

Professeur de japonais et de chinois, interprète du gouvernement des Indes néerlandaises.

Zeitschrift der Deutschen morgenländischen Gesellschaft. XIIster Band. — II. Heft. — Leipzig, 1858.

Tandis que des influences politiques amènent le Japon à entrer en relations commerciales avec les « diables de l'Occident », la science y a gagné de voir s'ouvrir pour elle les trésors littéraires de ce pays. Sans doute on connaissait déjà en Europe bien des textes japonais; mais, par suite de l'insuffisance des moyens dont on disposait, l'on n'avait pas encore pu entreprendre l'étude approfondie de la langue japonaise. La grammaire publiée par le P. Rodriguez, aussi bien que les grammaires chinoise du P. Prémare, et mantchoue du P. Gerbillon, sont faites uniquement pour l'usage des jeunes missionnaires, qui doivent apprendre la langue sur les lieux mêmes et par la conversation : mais elles sont totalement dénuées de cette forme scientifique, qui nous est indispensable pour l'étude des langues de peuples lointains.

A ce point de vue, le livre de M. de Rosny réalise un progrès incontestable pour la science; et, le premier, il jette quelque lumière sur le chaos des tournures et des formes qui constituent les éléments de la Grammaire japonaise.

L'auteur a-t-il dépassé ces éléments? nous ne le croyons pas; mais son *Introduction* nous permet de mettre à profit les riches trésors contenus dans l'ouvrage du P. Rodriguez, et restés si longtemps improductifs. Nous regrettons toutefois de ne pas rencontrer encore chez M. de Rosny cette connaissance approfondie des principes de grammaire générale, que l'on considère, en Allemagne, comme la qualité essentielle de l'orientaliste.

Nous voyons d'abord, dans la préface, l'annonce d'un Dictionnaire japonais-français-anglais auquel, çà et là, on renvoie déjà; puis, dans le premier chapitre, *Origine de la langue japonaise* (p. 1 à 9), une courte dissertation, qui repousse les essais tentés en vue de rattacher la langue japonaise à des familles connues, mais d'où résulterait (d'après un tableau de mots comparés) une étroite parenté entre cette langue et celle des îles Loutchou.

CHAPITRE II. — *De l'usage des caractères chinois au Japon* (p. 9 à 12), *spécialement pour écrire les mots japonais.* — L'étude de la langue japonaise trouvera peu d'amateurs, quand on saura que les Japonais entremêlent constamment leur écriture de caractères chinois, qu'ils en ont même notablement augmenté le nombre, qu'ils attribuent à plusieurs de ces caractères une valeur idéographique tout autre que celle qu'ils ont en Chine, et qu'enfin, ils font un usage journalier de l'écriture si difficile appelée *tsao-chou.*

CHAPITRE III. — *De l'écriture et des syllabaires japonais* (p. 13 à 22). — L'écriture japonaise, qui se lit de haut en bas, est proprement une écriture syllabique, qui comprend quarante-sept signes, représentant autant de syllabes commençant par des consonnes. A l'aide d'accents, l'alphabet (appelé *irofa,* du nom des trois premières syllabes) s'augmente de vingt-cinq nouvelles syllabes, et l'on y ajoute un caractère spécial pour l'*n* finale. Généralement on ne sépare pas les mots: on sépare seulement par des points les phrases et les principaux membres de phrase.

Tous les caractères sont des abréviations de signes chinois équivalents. Parmi les différentes écritures, il en faut distinguer deux: l'écriture régulière, *kata-kana,* et l'écriture cursive, ou *fira-kana,* dans laquelle les signes composant un mot se lient les uns aux autres. Pour chacune de ces deux écritures, Marcellin Legrand a fait fondre des caractères de diverses dimensions, qui contribuent encore à grandir sa réputation typographique, après l'emploi qu'en a fait M. de Rosny; il faut admirer surtout, dans ces caractères, les liaisons du fira-kana. Outre cette écriture, qui est l'écriture japonaise proprement dite, il y a encore un *irofa*

de caractères chinois qui n'ont conservé que leur valeur phoné-
tique (*manyo-kana*), et ne sont employés qu'accidentellement
dans les textes japonais, par exemple pour la transcription en
chinois des noms propres européens. Par suite de la composition
de l'écriture, on ne doit pas s'attendre à trouver en japonais de
radicaux autres que des radicaux terminés par une voyelle; car
des mots comme *Nippon, ikka, fitots'*, se présentent dans la
prononciation actuelle, avec la suppression des sons du milieu
et de la fin. Nous aurions désiré de plus amples détails sur la
formation des racines et les lois de la tonalité; mais ces ques-
tions ne sont traitées que partiellement, et pour ainsi dire accidentellement dans le sixième chapitre : *Grammaire japonaise*
(p. 22 à 60). Ce chapitre est de beaucoup le plus important de
tout l'ouvrage, et, bien que ce ne soit qu'une esquisse, il suffit
cependant pour assigner à la langue japonaise sa place dans le
grand édifice des langues. On y trouve la preuve indubitable de
ce fait déjà affirmé antérieurement : que le japonais est une
langue essentiellement d'agglutination.

Toutes les formations grammaticales résultent de l'adjonction
d'affixes, sans modification du radical; le complément précède
invariablement le sujet ; la déclinaison et la comparaison se font à
l'aide de propositions ; les qualificatifs ne sont autre chose que des
participes. Les substantifs n'ont point de genres, seulement, pour
les êtres vivants, le sexe est désigné par les particules *o* et *me* :
o-usi, taureau; *me-usi*, vache ; *ondori*, mâle; *mendori*, femelle.
Le pluriel ne s'indique pas, ou bien il se traduit, soit par la réduplication du mot, soit par l'addition de particules telles que *ra,
tatsi, domo*. Les propositions les plus usitées pour marquer les
cas sont : *no* pour le génitif, *ni* pour le datif, *wo* pour l'accusatif,
yori pour l'ablatif. L'adjectif ne change point de forme pour indiquer le genre ou le nombre, il se reconnaît simplement à sa
position devant le substantif; le comparatif se forme en mettant à
l'ablatif le terme qui subit la comparaison, *yamayori takasi,*
plus haut qu'une montagne. Les noms de nombre sont : 1, *fito ;*
2, *futa ;* 3, *mi ;* 4, *yo ;* 5, *izu ;* 6, *mu ;* 7, *nana ;* 8, *ya ;* 9, *kó-
kono ;* 10, *towo ;* 100, *momo ;* 1,000, *zidsi*. Les pronoms person-

nels sont : *wa*, je ; *na*, tu ; *a* ou *ka*, il ; ordinairement on les
emploie avec des adformantes, *ware, nare, nava, are*, etc. ; leur
déclinaison et leur pluriël se forment comme ceux des substantifs.
Le génitif indique la possession : *wareno*, mon ; *areno*, son ;
warerano, notre. Les radicaux démonstratifs sont *ko* et *so*,
habituellement usités sous la forme : *kore, kono, sore, sono*, et
aussi : *are, kare, ano, kano, ano fito* (hic homo), etc. Les pronoms interrogatifs sont : *ta*, qui ; *to*, quel ; *na*, quoi, et plus
ordinairement : *tare, tono, nani*. Le verbe n'a de désinence
spéciale, ni pour les genres, ni pour les nombres, ni pour les
personnes, mais bien seulement pour quelques temps et modes,
comme le présent, l'imparfait, le parfait, le futur de l'indicatif
et du subjonctif, le présent et l'imparfait du conditionnel, l'impératif et le participe, enfin, l'infinitif présent, passé et futur.
On obtient en outre beaucoup de formes différentes par l'emploi
du verbe substantif *a*, négatif *na*. Il y a une conjugaison
passive, négative, causative et réfléchie. Il est à regretter ici
que l'auteur n'ait pas davantage indiqué séparément les nombreuses particules formatives du verbe, en fixant leur signification,
car le japonais possède une quantité incroyable de suffixes
dénués, en apparence, de signification ; et l'étude de ces particules formatives sera la première tâche que devront entreprendre
les savants japonistes. Pour le verbe, un examen plus approfondi
eût fait reconnaître que les racines ne se composent que de une
ou deux syllabes, et que celles qui en ont davantage renferment
une particule formative. Si, d'après cette donnée du caractère de
la langue, elle paraît, d'un côté, avoir un lien de parenté avec
la famille tartare, il est bien difficile, d'un autre côté, de lui
trouver par le sens des mots de la ressemblance avec aucune
autre langue. Bien qu'un œil expérimenté n'ait encore pu décou-
vrir une affinité de ce genre, nous pensons avec l'auteur qu'il
faut attendre, pour y arriver, d'avoir une connaissance plus approfondie des dialectes sibériens. Au reste, nous trouvons aussi dans
le japonais toute la richesse des mots de la langue chinoise, mais
avec une prononciation altérée, soit par les idiomes locaux, soit
par le temps ; par exemple : *ten*, ciel (chin. thian) ; *sin*, homme

(schin); *riok,* force musculaire (li); *bli,* riz (mi); *fak,* nord (pe);
ou bien les noms de nombre : 1, *itsi* (i); 2, *ni* (orl); 3, *san*
(san); 4, *si* (ssé); 5, *go* (ngù); 6, *rok* (Tu); 7, *sizi* (tzi); 8, *fats*
(pa) ; 9, *ku* (kieù); 10, *zyn* (tzi) ; 100, *fyak* (phe); 1,000 *sen*
(tzian); 10,000, *man* (wan.) Ces exemples montrent l'importance
que doit avoir cette prononciation dans la recherche des étymo-
logies chinoises.

CHAPITRE V. — *Langue et littérature sinico-japonaises*
(p. 61 à 66.) — Les Japonais employant communément dans leur
propre écriture les caractères chinois pour représenter les mots
japonais en leur conservant leur valeur idéographique, ils peuvent
lire les ouvrages composés et écrits en chinois, à condition de
leur attribuer les mots correspondants en japonais. Mais, comme
la construction phraséologique chinoise est tout autre que celle
des langues d'agglutination, on ajoute des chiffres aux caractères idéographiques, pour en indiquer la place d'après l'ordre de
la construction japonaise. Ainsi, par exemple, aux signes chinois
fuo ngò pu tzi éi ego non scio hoc, l'on doit ajouter les
chiffres 1, 4, 3, 2, de façon à lire : 1) *ware,* 4) *korewo,* 3) *sira,*
2) *zu,* ego hoc scio non. Des signes particuliers indiquent auss
les membres de phrase. Une pareille publication en japonais, d'un
classique chinois, est évidemment d'une très-grande valeur pour
les savants européens. Les Chinois négligeant souvent d'exprimer
les rapports grammaticaux, les Japonais ajoutent aux caractères
chinois les désinences grammaticales de leur propre langue, ce
qui rend le texte plus intelligible pour eux et pour nous.
C'est, en un mot, le procédé auquel on serait obligé de recourir
pour écrire toute autre langue en caractères chinois; les Japonais
sont tellement habitués à cette manière de faire, qu'ils annotent
de cette façon leurs propres ouvrages. Ce système d'écriture est
désigné par Rodriguez sous le nom de *koye.* Il est à peine besoin
d'ajouter qu'on trouve au Japon des ouvrages chinois, avec traduction japonaise interlinéaire. Toutes ces espèces de livres sont
réunies par Rosny sous le titre : *Langue et littérature sinico-
japonaises,* et nous ne voyons pas pourquoi il a séparé ce chapitre du second.

Il est, certes, étonnant de voir un peuple qui s'est obstinément gardé de tout contact avec les étrangers faire un tel sacrifice au génie chinois, que les manifestations de son propre génie ne peuvent renier ce caractère hybride; car il n'y a qu'un petit nombre de livres écrits en japonais pur, et la lecture de pareils ouvrages montre l'habitude, chez les indigènes, d'employer avec la plus grande fantaisie soit du japonais pur, soit du chinois corrompu, soit un mauvais mélange de ces deux langues.

CHAPITRE VI. — *Des livres japonais* (p. 67 à 71). — Dans ce chapitre, l'auteur traite de l'impression, du format et de la reliure des livres japonais, qui, sous ce rapport, ne diffèrent pas des ouvrages chinois.

CHAPITRE VII. — *Exercice de lecture.* — Sans commentaires. (P. 72-74.)

CHAPITRE VIII. — *De l'écriture cursive tsao,* avec un tableau des formes des deux cent quatorze clefs et leur prononciation japonaise; cette partie aurait été aussi bien placée dans le chapitre II. On y trouve également un index des caractères chinois employés dans le cours de l'ouvrage, avec leur prononciation japonaise. On regrette de n'y pas rencontrer un lexique japonais.

Nous devons décerner les plus grands éloges à l'auteur, qui, avec des éléments aussi confus, est parvenu à présenter un tout clair et intelligible; nous le félicitons de son zèle patient et de son exactitude, grâce auxquels il a pu coordonner la double signification de chaque mot (idéographique et kata-kana). Toutefois on voit, d'après ce qui précède, que la connaissance de la langue et de la littérature japonaises aura bien de la peine à se répandre dans un cercle un peu étendu.

Fr. Kaulen.

PRÉLIMINAIRES.

DE L'ÉCRITURE.

1. — Le système d'écriture des Japonais comprend quarante-sept caractères dérivés de signes idéographiques chinois. Il est essentiellement *syllabique*, ce qui revient à dire qu'il est impuissant pour exprimer une consonne isolément. Ainsi dans les signes qui suivent :

か	き	く	け	こ
ka	*ki*	*kou*	*ké*	*ko*

aucun élément graphique n'indique isolément le *k*, ni aucune des voyelles. Ces dernières, lorsqu'elles sont considérées comme syllabes, prennent les formes suivantes :

あ	い	う	ゑ	れ
a	*i*	*ou*	*é*	*o*

2. — La série des signes qui composent le syllabaire japonais s'appelle *iroha*, du nom de ses trois premières syllabes いろは, de même que le mot *alphabet* provient de celui des deux premières lettres grecques α β.

3. — Les Japonais, comme les Chinois, écrivent de haut en bas, formant ainsi des colonnes verticales qui se suivent parallèlement de droite à gauche.

4. — Deux syllabaires différents sont surtout employés par les Japonais. Le premier se nomme *hira-kana* « écriture facile », expression par laquelle il faut entendre une écriture d'un tracé aisé et rapide ; l'autre *kata-kana* « écriture de fragments », ainsi appelée parce qu'elle a été formée originairement avec des fragments de caractères chinois.

5. — L'écriture *hira-kana* est la plus répandue au Japon et la seule qui soit employée à peu près sans mélange de signes chinois. C'est aussi l'écriture essentiellement pratique et la plus répandue parmi les Japonais de toutes les classes.

6. — L'écriture *kata-kana* est usitée pour certains usages philologiques, dans quelques dictionnaires, et dans les textes, là où nous mettrions des lettres *italiques* pour appeler l'attention sur un mot étranger ou extraordinaire. Bien que d'un emploi très-restreint, elle doit à son extrême simplicité l'avantage d'avoir été la seule qu'aient connue pendant longtemps les orientalistes européens, et la seule que comprennent aujourd'hui la grande majorité des étrangers qui ont fixé leur résidence au Japon. Les indigènes, entre eux, n'en font jamais usage isolément, et ne l'appli-

quent point aux besoins de la vie journalière; ils
l'écrivent parfois pour se mettre à la portée des voya-
geurs et des marchands occidentaux qui ne savent
pas lire leur véritable écriture usuelle, le *hira-kana*.

7. — L'écriture vulgaire *hira-kana* dérive de
l'écriture chinoise appelée *tsao-chou*, et, comme cette
dernière, elle est susceptible d'être tracée d'une
manière extrêmement cursive. Dans l'usage quotidien,
les signes de cette écriture se lient entre eux, comme
ceux de notre écriture *anglaise;* de telle sorte qu'il
existe pour chaque lettre au moins quatre formes
différentes, suivant sa position dans un mot qui exige
la présence ou l'absence de ligatures.

8. — En outre, chacune des quarante-sept syllabes
de l'*iroha* japonais est susceptible de plusieurs variantes analogues à l'*r* de notre écriture anglaise, qui
au milieu des mots a pour forme ı, et à la fin des
mots ɾ.

Toutefois, comme ces variantes sont assez nombreuses, on a jugé à propos, dans ces derniers
temps, de n'admettre qu'un seul type pour chaque
syllabe, et de ne point faire usage des ligatures, qui
augmentent sensiblement les difficultés pour les commençants. Cette simplification est d'autant plus admis-
sible que les Japonais eux-mêmes y ont recours
pour l'enseignement de la langue à leurs enfants, et
même pour leurs rapports avec les femmes ou autres

personnes peu instruites. Dans la *Grammaire japonaise* que je compte publier pour les élèves de troisième année, j'exposerai le système complet du syllabaire *hira-kana* et j'essayerai d'enseigner l'écriture
japonaise avec les innombrables variations dont elle
est susceptible dans les textes où on la mêle aux
signes de l'écriture chinoise dite *sô-syo*.

9. — Voici la liste des quarante-sept signes du
syllabaire *hira-kana* simplifié :

み mi	こ ko	ぬ ï	れ re	り ri	い i
ゑ si	え ye	の no	そ so	ぬ nu	ろ ro
ゑ e	て te	を o	は tsu	る ru	は ha
ひ fi	あ a	く ku	ね ne	を wo	ふ ni
も mo	さ sa	や ya	ふ na	わ wa	は ho
せ se	き ki	ま ma	ら ra	か ka	へ he
す su	ゆ yu	け ke	む mu	よ yo	と to
ん ɴ final.	め me	ふ fu	う u	た ta	ち tsi

10. — Le syllabaire *kata-kana* se compose également de quarante-sept signes [1] :

イ *i.*	ト *to*	ワ *wa*	ジ *tsou*	井 *yi*	ケ *ke*	サ *sa*	ヱ *e*
ロ *ro*	チ *tsi*	カ *ka*	子 *ne*	ノ *no*	フ *fou*	キ *ki*	ヒ *fi*
ハ *fa*	リ *ri*	ヨ *yo*	ナ *na*	オ *o*	コ *ko*	ユ *you*	モ *mo*
ニ *ni*	ヌ *nou*	タ *ta*	ラ *ra*	ケ *kou*	エ *ye*	メ *me*	セ *se*
ホ *fo*	ル *rou*	レ *re*	ム *mou*	ヤ *ya*	テ *te*	三 *mi*	ス *sou*
ヘ *fe*	ヲ *wo*	ソ *so*	ウ *ou*	マ *ma*	ア *a*	ソ *si*	ン *n final.*

1. On trouvera, dans notre *Introduction au Cours de japonais* *, les explications relatives à la prononciation des signes de ces syllabaires, et dans notre *Manuel de la lecture japonaise* ** les indications nécessaires pour aborder l'étude des textes indigènes dans leurs formes les plus variées. Nous nous bornerons à ajouter ici, comme exercice de lecture, une série des mots les plus usités de la langue vulgaire du Nippon, avec leur transcription en lettres latines, suivant le système adopté dans cet ouvrage.

* Premier volume du *Cours pratique de japonais*. Seconde édition, entièrement refondue et augmentée. (Paris, 1872, in-8.)

** Treizième volume du *Cours pratique de japonais*. (Ce volume a été traduit en hollandais et publié à Amsterdam par M. G. van Gelder.)

Texte Japonais (écriture *hira-kana*).

そら ほゑ ひ つき くも かぜ あめ ゆき あられ ゑも つゆ 〔ひかり

あつさ さむさ ○つち いゑ すな やま たな くふ こほり みやこ

むら もり みち さき ○うみ みなと はま

○ひと たんふ からだ け かほ まなこ みゝ はな くち くちびる

は かた むね て みぎて ひだりて ゆび つめ はら ほね

あゑ かわ あへ ち ころ ○ぢゝ ばゝ ち、 はゝ むすこ むすめ

たこ けらい となり の ひと ○みかど きさき しやうぐん だいみやう

せうめう きみ たみ がくゑや ねゑや つうぢ のうふ ○たべもの

めゑ さかな ゆく ちや さけ あぶら す さたう ゑほ たまご ○

きもの はをり ぞうばん くれほう ゑ てぶくろ いとの わた きぬ

もゑん びろうど ○いゑの だうぐ ねどこ ふとん まくら いす つくゑ

こけい やきもの せともの かゞみ たくみ むそろ かみ ゑよもゑ

えほん ふで すみ すゞり ○けだもの うし うま とら

たむま めうま うし ○いぬ ねこ ねずみ ○とり にはとり

めんどり たか いへばと ○きす ○へび むゑ かいこくも ○いを

くぢら ひらめ かき ○きさ はふ くだもの

Traduction

Ciel — étoile — soleil — lune — nuage — vent — pluie — neige — givre — gelée blanche — rosée — éclair — chaleur — froid = terre — rocher — pierre — sable — montagne — vallée — état — département — capitale — village — bois — route — cap = mer — eau — étang — fossé — île — port — rade = homme — femme — tête — cheveu — visage — œil — oreille — nez — bouche — lèvres — dent — épaule — poitrine — main — main droite — main gauche — doigt — ongle — ventre — os — pied — chair — sang — cœur = grand-père — grand'mère — père = mère — fils — fille — homme (mâle) — serviteur — voisin = empereur — impératrice — généralissime — prince féodal — seigneur féodal — seigneur — peuple — savant — médecin — interprète — agriculteur = aliments

Transcription.

Sora — hosi — hi — tsoŭki — koumo — kazé — amé — youki — araré — simo — tsoŭyou — hikari — atsoŭsa — samousa = tsoŭtsi — iva — isi — soŭna — yama — tani — kouni — kovori — miyako — moura — mori — mitsi — saki — oumi — midzoŭ — iké — hori — sima — minato — hama = hito — onna — karada — ké — kawo — manako — mimi — hana — koutsi — koutsibirou — ha — kata — mouné — té — migi-no té — hidari-no té — youbi — tsoŭmé — hara — honé — ast — kawa — sisi — tsi — kokoro = dzidzi — baba — tsitsi — haha — mousoŭko — mousoŭmé — otoko — kéraï — tonari-no hito = mikado — kisaki — syó-goun — daï-meó — seó-meó — kimi — tami — gak-sya — ï-sya — tsoŭ-zi — nó-fou = tabé-mono — mési — sakana — nikou — tsya — saké — aboura — sou — sa-tó — sivo — tamago = kimono — hawori — zyoŭ-ban — koutsoŭ — bó-si — té-boukouro — ito — nouno — wata — kinou — mo-men — bi-ró-do = iyé-no dó-gou — nédoko — fou-toɲ — makoura — isoŭ — tsoŭkouyé — tokeï — yaki-mono — séto-mono — kagami — tatami — mousiro — kami — syo-motsoŭ — yé-hoɲ — foudé — soŭmi — soŭzoŭri = kédamono — sisi — tatsoŭ — tora — ohokami — o-moŭma — mé-moŭma — ousi — ïnoko — inou — néko — nédzoŭmi = tori — ondori — mendori — taka — iyé-bato — hototokisoŭ = hébi — mousi — kaiko — koumo = iwo — koudzira — hiramé — kaki = ki — kousa — hána — koudamono.

---

française.

— riz — poisson — viande — thé — vin de riz — huile — vinaigre — sucre — sel — œuf = vêtement — habit — chemise — souliers — chapeau — gants — fil — laine — ouate — soie — coton — velours = mobilier — lit — matelas — oreiller — chaise — table — horloge — faïence — porcelaine — miroir — natte de dessus — natte de dessous — papier — livre — album — pinceau — encre — encrier = animal — lion — dragon — tigre — loup — étalon — jument — bœuf — sanglier — chien — chat — souris — oiseau — coq — poule — faucon — pigeon — coucou = serpent — ver — ver à soie — araignée = poisson — baleine — sole — huître = arbre — plante — fleur — fruit.

ERRATA.

Parmi les fautes d'impression les plus importantes à corriger, nous signalerons les suivantes :

Page 75, — ligne 3. — Lisez *Mi-nasai.*
Page 709, — note. — Lisez *Gozatta* (ご ざ}た た).
Page 115. — Au lieu de : *Atayé-masité, atayé-masoŭ, atayé-masita, atayé-masyô,* lisez : *yari-masité, yari-masoŭ, yari-masita, yari-masyô.*

Dans les dernières feuilles du volume, le *tilde* a été omis sur la lettre *g,* parce qu'il manquait dans l'imprimerie où la fin de notre travail a été composée.

Nous nous dispensons d'ajouter ici d'autres observations sur l'orthographe européenne que nous avons employée pour transcrire les mots japonais, la prochaine réunion du Congrès international des orientalistes à Paris, du 1er au 10 septembre 1873, devant arrêter définitivement un système général de transcription pour ces mots.

ÉLÉMENTS

DE LA

GRAMMAIRE JAPONAISE

(LANGUE VULGAIRE.)

PREMIÈRE PARTIE

DES DIFFÉRENTES ESPÈCES DE MOTS.

§ 1. — Les Japonais divisent leur grammaire en trois parties principales, comprenant : 1° le nom, 2° le verbe, 3° les particules. Dans la première de ces parties, ils joignent aux noms substantifs, les adjectifs, les adverbes, les pronoms, les prépositions, les conjonctions et les interjections. Dans la seconde, ils rangent les différentes classes de verbes. Dans la troisième enfin, ils placent les particules qui n'ont généralement point de caractère idéographique pour les représenter dans la langue écrite.

Ce système de classification toutefois a vieilli au Japon même, et je crois devoir adopter dans cette grammaire la division suivante qui m'a été communiquée par un savant lettré de Yédo.

A. — NOMS. (*MÉÏ-SI*).

I   Noms propres (*ka-you-meï-si*).

Noms communs (*fou-tsou-meï-si*).

III   Mots remplaçants les noms ou pronoms (*daï-méï-si*).

B. — VERBES (*DO-SI*).

IV   Verbes d'action (*dô-si*).

V   Verbes de modification ou auxiliaires (*dzyo-si*).

C. — MOTS DE CONDITION.

VI   Qualificateurs de quantité (*kazoŭ*).

VII   Qualificateurs de noms ou adjectifs (*keï-yô-si*).

VIII Qualificateurs de verbes ou adverbes (*dô-si-keï-yô-si*).

IX   Indicateurs de direction et de situation (*hô-kô mata itsi-wo simésou-kotoba*).

X   Indicateurs de rapports ou conjonctions (*setsoŭ-zokoŭ-si*).

XI   Indicateurs de sentiment ou interjections (*kañ-tañ-si*).

XII   Indicateurs d'interrogation (*g̃i-moñ-si*).

CHAPITRE PREMIER.

DES NOMS OU SUBSTANTIFS.

I. — Noms propres.

2. — Les noms propres d'hommes peuvent se répartir en trois classes principales, savoir : les petits noms (*na*), les noms de famille (*myô-zi*) et les noms personnels (*na-nori*).

Les Japonais reçoivent en outre des surnoms particuliers, lorsqu'ils sont appelés à une fonction publique, lorsque le souverain leur décerne un titre nobiliaire, ou bien encore lorsqu'ils entrent en religion. Il faut mentionner enfin les noms posthumes sous lesquels les descendants inscrivent leurs aïeux dans le temple des ancêtres, suivant la doctrine chinoise.

3.—Tous les noms propres japonais s'écrivent indistinctement en caractères chinois, suivant un système purement conventionnel qui en rend parfois la lecture très-difficile et embarrassante, même pour les indigènes[1].

4. Pour la plupart des petits noms, on fait usage des nombres accompagnés du mot *rô* qui signifie littéralement « un mâle » (jap. *otoko*); ex. :

Itsi-rô « le premier homme » ; — *zi-rô* « second homme » ; — *sabou-rô* « troisième homme » ; etc.

5. — Les noms japonais sont quelquefois unis aux titres ou dignités de ceux qui les portent, de telle sorte qu'ils acquièrent un grand nombre de syllabes. Voici, comme exemple, le nom d'un ministre[2] :

Hô-syô-zi-nyoŭ-dô-saki-no-k'am-bakoŭ-daï-zyô-daï-zin.

Le premier ambassadeur japonais venu en France s'appelait *Také-no-outsi-simo-dzoŭké-no-kami*, et son adjoint *Matsoŭ-daïra-iva-mi-no-kami*.

6. — Les noms de localités, notés en caractères chinois, dans les textes japonais, sont prononcés

---

[1] J'ai donné, dans mon *Dictionnaire des caractères idéographiques* (p. 209), une table des noms propres japonais avec leur prononciation juxtalinéaire, afin de lever autant que possible les difficultés que présente leur lecture.

[2] On a inséré une pièce de vers de ce personnage dans le Recueil des cent poètes du Japon (*Hyakou-nin-is-syou*, pièce LXXVI).

tantôt suivant le dialecte sinico-japonais, tantôt suivant la langue nationale du Nippon. Ils se reconnaissent parfois par l'adjonction de mots géographiques, tels que :

Kouni « le royaume ou la province »,	*Yamato-no kouni* « le Yamato » (le pied de la montagne).
Yama « la montagne »,	*Fou-zi yama* « le mont Fouzi ».
Kawa « la rivière »,	*Kana-g̃awa* « rivière d'or ».
Saki « le cap »,	*Naya-saki* « le long cap ».
Oura « le port »,	*O'o oura* « le grand port ».

7. — Plusieurs noms géographiques, écrits de la même manière, sont parfois prononcés différemment pour éviter la confusion. Ainsi on dira : *Ni-hom-basi* « le pont du Japon » pour désigner le plus célèbre pont de Yédo d'où sont calculées toutes les distances de l'empire, au lieu de *Nippoñ-basi* qui, avec la même signification, désigne un autre pont renommé de la ville impériale d'Ohosaka.

II. — Noms communs.

8. — Les substantifs communs sont, ou purement japonais, comme *tsoutsi* « la terre », *tori* « l'oiseau » ; ou sinico-japonais (chinois d'origine et prononcés à la japonaise), comme *ten* « le ciel », *nin* « l'homme ».

9. — Les noms ou substantifs japonais ne possèdent point de genres; seulement lorsqu'il s'agit d'êtres vivants, on peut leur ajouter des particules

qui servent à déterminer à quel sexe ils appartiennent. La préfixe *o* indique « les mâles », et la préfixe *mé* « les femelles » :

ousi « le bœuf »,
o-ousi « le taureau »,
mé-ousi « la vache ».

moŭma « le cheval »,
o-moŭma « l'étalon »,
mé-moŭma « la jument ».

néko « le chat »,
o-néko « le matou »,
mé-néko « la chatte ».

tori « l'oiseau »,
o'-ndori « le coq »,
mé-ndori « la poule ».

tsyô « le papillon »,
o-tsyô « le papillon mâle »,
mé-tsyô « le papillon femelle ».

kouwa « le mûrier »,
o-gouwa « le mûrier mâle »,
mé-gouwa « le mûrier femelle » :

On emploie également les mots *osou* « mâle », et *mé-sou* « femelle », pour indiquer les sexes des animaux :

Kono tori-va mé-sou o-sou tomo dzyô-bou dé gozaï-masoŭ. « Ces oiseaux, mâle et femelle, se portent bien ».

10. — On n'indique généralement pas les nombres des substantifs en japonais. Toutefois, lorsqu'il est indispensable de les marquer pour assurer la parfaite intelligence de la phrase, on joint aux substantifs certains mots ou particules indiquant l'unité ou la pluralité.

L'unité, quand il s'agit des êtres humains, s'indique à l'aide du mot *hitori* « seul, unique » :

onna « femme »,
hitori-no onna « la femme (seule) ».

kodomo « enfant »,
hitori-no kodomo « l'enfant (seul) ».

Quand il s'agit d'animaux ou d'objets de différentes espèces on emploie le nom de nombre *hitotsoŭ-no* « un », accompagné des déterminatifs spécifiques, dont il sera parlé plus loin.

11. — Le pluralité s'indique, pour certains mots, par leur réduplication :

sina « la sorte » ou « l'article »,   *sina-zina* « les sortes » ou « les articles ».

kouni « le pays »,   *kouni-g̃ouni* « les pays ».

sima « l'île »,   *sima-zima* « les îles ».

12. — Cette réduplication indique toutefois quelque chose de plus que la simple pluralité, et en réalité les mots redoublés

sina-zina « les sortes » signifient « toutes les sortes »;

kouni-g̃ouni « les pays » signifient « tous les pays »;

sima-zima « les îles » signifient « toutes les îles », etc.

Les exemples suivants viendront à l'appui de cette observation :

Watakoŭsi-wa kouni-g̃ouni-wo ma'ari-masita « j'ai parcouru les différents (la plupart des) pays ».

Ano hito-wa kono misé-dé sina-zina kaï-masita « il a acheté toutes sortes d'articles dans cette boutique ».

Nippoñ-no founé-wa sima-zima-ni maëri-masoŭ « les vaisseaux japonais vont dans toutes les îles ».

13.—Pour les mots dont l'usage n'a pas admis la réduplication, on se sert des affixes suivants, parmi lesquels le premier s'applique aux personnes qu'on tient le plus à honorer, et les autres à ceux auxquels

on désire témoigner de moins en moins de respect :
gata, syou, tatsi, ra, domo.

Ano daï-myô-ğata-wa irassyaï-masoŭ « ces seigneurs vien-
nent ».

Anata-no kodomo-syou-wa o-outsi-dé gozaï-masoŭ ka?
« tous vos enfants sont-ils chez vous ? »

Watakoŭsi-no dé-si-tatsi-wa keï-ko-wo yokoŭ oboyé-masita
« mes élèves ont bien appris leur leçon ».

Ké-raï-ra-wa (ou *Ké-raï-domo-wa*) *tsoŭné-ni ouso-wo mô-
si-masoŭ* « les domestiques disent toujours des mensonges ».

15. — Il n'existe pas de déclinaison proprement
dite en japonais, et les prétendus cas attribués à
cette langue ne résultent que de l'adjonction aux
substantifs de certaines postpositions analogues aux
mots français « du, de la; au, à la », etc. Toutefois,
l'usage de ces postpositions étant constant, partout
où l'on trouverait des désinences de cas, dans les
langues à flexion, et celle de l'accusatif notamment
ayant perdu toute signification propre, il n'y a pas
grand inconvénient à composer un paradigme de
déclinaison dont l'examen simplifiera l'étude pratique
de la grammaire japonaise pour les commençants.

Les postpositions servant à marquer les cas en
japonais sont : *wa* ou *ğa* pour le nominatif; — *no* pour
le génitif; — *ni* ou *yé* pour le datif; — *wo* pour l'accusatif; — *yori* ou *kara* pour l'ablatif; — *dé* pour
l'instrumental.

16. — *Wa* ou *va* est une particule qui, en japonais, tient lieu d'article déterminatif ou partitif. Sa

signification propre est « ce qui a rapport à, quant
à, pour ce qui est de », etc. Elle sert surtout à distinguer nettement le sujet ou agent de la phrase, et
à le séparer des circonstances accessoires qu'il pro-
voque ou qu'il subit. On peut toutefois joindre la
particule *wa* à plusieurs autres postpositions pour
insister sur le rôle des mots auxquels on la joint.
(Voy. la IIIᵉ partie).

17. — *Ga* (prononcez *nga*) est une particule qui
s'emploie également pour le nominatif et qui entraîne
d'ordinaire une idée d'humilité, de mépris ou
d'indifférence pour le sujet. Ainsi *hito-ğa-kita* signi-
fiera « un homme (quelconque, peu importe lequel)
est venu », tandis que *hito-wa kita* voudra dire « quant
à l'homme (qui nous occupe), il est venu »; — *ğa*
sert aussi pour préciser les mots auxquels on le
joint, ou pour insister sur leur valeur. Dans ce cas,
il a un rôle très-rapproché de celui de la particule *wa*.

18. — *No* est la particule propre du génitif : elle
porte l'idée de provenance; ex.:

Niva-no kousa « la plante du jardin » (ou provenant du
jardin); *yama-no tori* « l'oiseau de la montagne » (ou provenant de la montagne).

19. — *Ni*, qui signifie « à, dans », sert à former
le datif, et remplace ainsi notre article « au, à la. »

20. — *Yé* indique le mouvement d'un lieu dans
un autre et signifie au propre « à, vers ». On l'em-

ploie cependant à la place du précédent, ainsi l'on dira :

Watakousi-wa kono-hoñ-wo gakoŭ-sya-ni (ou *gakoŭ-sya-yé*) *aẽé-masita* « j'ai offert ce livre au savant ».

21. — *Wo*, est la particule de l'accusatif. On peut lui attacher en suffixe la particule *ba*, qui n'est autre chose que la forme adoucie de la particule déterminative *wa* mentionnée plus haut §. 16. (Voy. aussi la IIIᵉ partie au mot WA.)

22. — *Yori* est employé pour exprimer l'ablatif ; il a la valeur du latin « ex » ou de l'anglais « from ». On se sert également de la particule *kara* pour former l'ablatif dans la langue vulgaire. (Voy. la IIIᵉ partie.)

23. — *Dé* est la particule de l'instrumental communément employée dans la langue vulgaire ; elle indique la substance avec laquelle une chose se fait :

*Ano hito-wa ki-*DÉ *tsoŭkouyé-wo kosiraë - masita* « cet homme a fait une table EN bois » ou « avec DU bois ».

*I-sya-wa yama-no kousa-*DÉ *yoki-kousoŭri-wo tsoŭkouri-masita* « le médecin a fait un bon médicament AVEC la plante de la montagne ».

24. — *To* signifie « avec » dans le sens de « ainsi que », et peut être employé également pour former des ablatifs ; mais il faudra toujours rendre par la particule *dé* (§. 23) le mot français « avec », lorsqu'il aura le sens de « au moyen de » instrumental ; ex :

Ten-moñ-sya-wa ï-sya-to sit-tatsoŭ-si-masita « l'astronome est parti AVEC (ainsi que) le médecin »,

Ano kodomo-wa soŭmi-to kami-wo nakou-nasi-masita « cet enfant a perdu l'encre AVEC (ainsi que) le papier ».

Ano kodomo-wa soŭmi-dé kami-wo kourokoŭ-si-masita, « cet enfant a noirci le papier AVEC (au moyen de) l'encre ».

25. — La particule du datif *ni* est quelquefois employée avec le sens instrumental de la particule *dé;* et vice-versa, par exemple, dans ces phrases :

*Tsoŭ-zi-wa nippoñ-no kotoba-*NI (ou *kotoba-*DÉ) *hoñ-wo yakoŭ-si-masita* « l'interprète a traduit le livre EN langue japonaise ».

*Watakoŭsi-wa Yédo-*DÉ *yoï-onna-wo mi-masita* « J'ai vu de jolies femmes A Yédo ».

26. — A l'aide de ces particules, on peut établir un paradigme de déclinaison ainsi qu'il suit :

HITO « l'homme » (l'individu).

SINGULIER.

Nom. *hito* ou *hito-wa* « l'homme ».

Gén. *hito-no* « de l'homme ».

Dat. *hito-ni* ou *hito-yé* « à l'homme ».

Acc. *hito-wo* « l'homme ».

Abl. *hito-yori* ou *hito-kara* « de l'homme », ou « provenant de l'homme ».

Instr. *hito-dé* « avec l'homme » ou « au moyen de l'homme».

PLURIEL.

Nom. *hito-bito-wa,* ou *hito-tatsi-wa* « les hommes».

Gén. *hito-bito-no* ou *hito-tatsi-no* « des hommes ».

Dat. *hito-bito-ni* ou *hito-bito-yé, hito-tatsi-ni* ou *hito-tatsi-yé* « aux hommes ».

Acc. *hito-bito-wo,* ou *hito-tatsi-wo* « les hommes ».

Abl. hito-bito-yori ou *hito-tatsi-yori* « des hommes » ou « provenant des hommes ».

Inst. hito-bido-dé ou *hito-tatsi-dé* « avec les hommes » ou « au moyen des hommes ».

27. — Les Japonais emploient très-fréquemment la particule préfixe *o*, qui signifiait primitivement « impérial », mais qui rend seulement aujourd'hui une idée analogue à celle que nous exprimons par le mot « auguste » (ou « respectable »), lorsqu'on parle de personnes ou d'objets appartenant à autrui : *O-ka-san* (vulg. *Ok-ka-san*) « la mère » ou mieux «votre mère »; *O-tokoro-ğaki* « l'adresse » ou «votre adresse » ; *O-tsitsi* « le père » ou « votre père ».

28. — Cette même particule honorifique se place devant les noms de femmes, mariées ou non mariées, et les paysans la mettent devant le nom de la ville de Yédo :

O-tama-sama, Mlle Tama (gemme)	*O-kané-sama*, Mlle Kané (métal).
O-hána-sama, Mme Hana (fleur).	*O-satô-sama*, Mlle Satô (sucre).

29. — Les substantifs verbaux, désignant un agent, se rendent ordinairement par les participes présents des verbes :

yomité «le lecteur », participe présent de *yomou* « lire »;

kakité « l'écrivain », participe présent de *kakou* « écrire » ;

norité « le cavalier », participe présent de *norou* « monter à cheval »;

outa'ité «le chanteur», participe présent de *outaou* «chanter».

Ex. : *Kono yomité-wa amari hayakou yomi-masoŭ*, « ce

lecteur lit trop vite ». — *Ano kakité-wa héta-dé gozaï-masoŭ* «cet écrivain est maladroit.» — *Mikado-no outa'ité-wa hanahada zyô-dzoŭ-dé gozaï-masoŭ* « le chanteur de l'empereur est excellent.»

30. — Les substantifs exprimant un sentiment de l'âme se terminent pour la plupart en *mi* :

konomi « l'amour ».	*awarémi* « la pitié »
ourami « la haine »	*sitasimi* « l'amitié ».
itami « l'affliction »	*tanosimi* « le plaisir ».
ayasimi « l'étonnement »	*naǧousami* « la consolation».
sonémi ou *nédami* «la jalousie».	*takoumi* « l'artifice »
kanasimi « la tristesse ».	*kourousimi* « le tourment ».

31. — On forme des substantifs composés purement japonais à l'aide d'un radical verbal joint au mot *mono* « chose, individu»,ou au mot *koto* «chose, affaire ».

Lorsque le mot *mono* précède le radical verbal, le substantif composé indique « un agent » dont le caractère est marqué par le radical :

mono-kaki « un écrivain ». | *mono-siri* « un savant ».

Au contraire, lorsque le mot *mono* suit le radical verbal, il sert à former un substantif composé qui indique « une chose » dont le caractère est marqué par le radical :

kaki-mono « un écrit » (chose écrite).	*kaï-mono* «acquisition » (chose d'achat).
ki-mono « un habit » (chose pour vêtir).	*kazari-mono* « ornement » (chose de parure).

32. — Le mot *koto* forme des substantifs indiquant généralement « une occupation » :

matsouri-ğoto « le gouvernement » (de *matsourou*).

si-ğoto « une affaire » (de *sourou*).

33. — On emploie aussi avec une valeur substantive, les infinitifs des verbes japonais suivis ou non suivis du même mot *koto* :

konomou-koto « l'amour » (τὸ-amare).

nomou-koto « la boisson » (τὸ-bibere).

Ex. : *Watakoŭsi wa tada-ima syokoŭ-zi-ni iki-masoŭ* « en ce moment je vais manger » (litt. « je vais au dîner »).

Ano-tomo-datsi-wa is-syo-ni asobi-ni maëri-masyô » ces amis iront s'amuser ensemble » (litt. « ces amis ensemble iront au plaisir »).

Watakoŭsi-no tsitsi-wa kaï-mono-ni maëri-masita « mon père a été faire des emplettes » (litt. « mon père a été aux choses qu'on achète »).

34. — Les Japonais font usage, dans leur langue vulgaire, d'un très-grand nombre de locutions chinoises qui, pour la plupart, sont composées de deux mots souvent synonymes ou rapprochés de signification, et dont l'emploi simultané a pour but d'éviter les malentendus qui naîtraient à chaque instant dans la conversation de l'emploi des innombrables homophones de la langue du Céleste-Empire. Nous citerons à titre d'exemple les suivants :

am-baï « la santé ».

ten-ki « l'atmosphère ».

si-k'añ « l'officier ».

hyakoŭ-syô « le paysan ».

ryo-keñ « l'opinion ».

boud-dô « le bouddhisme ».

si-baï « le théâtre ».

fou-zin « la femme ».

ryô-ri « la cuisine ».

byô-bou « le paravent ».

tsoŭ-zi « l'interprète ».

syo-kañ « la lettre ».

Ces substantifs sinico-japonais s'adjoignent, tout comme les substantifs purement japonais, les particules dont il a été question plus haut à propos de la déclinaison.

35. — Parmi les substantifs sinico-japonais, il en est un certain nombre qui sont formés à l'aide du déterminatif *sya* et qui expriment des noms de fonctions :

ï-sya « le médecin ».

gakoŭ-sya « le savant ».

si-sya « l'ambassadeur ».

moŭ-sya « le guerrier »

yakoŭ-sya « le comédien ».

g̃é-sya « la chanteuse ».

D'autres substantifs sinico-japonais, formés à l'aide du mot *nin* « homme », indiquent une fonction ou position sociale :

ki-nin « le noble ».

yakoŭ-nin « l'employé ».

saï-kou-nin « l'artisan ».

tsyô-nin « le négociant ».

riô-ri-nin « le cuisinier »

ouri-nin « le marchand ».

g̃é-nin « le domestique ».

syokoŭ-nin « l'ouvrier ».

36. — On forme également des noms de métiers avec le mot *ya* « demeure, habitation » :

komé-ya « marchand de riz » (littéralement « boutique de riz »).

tané-ya « grainetier » (litt. « boutique de graines »).

ori-ya « tisserand » (litt. « boutique de tissage »).

zaï-mokoŭ-ya « marchand de bois (en bâtiment) », (litt. « boutique pour le bois »). .

kousoŭri-ya « droguiste » (litt. « boutique de médicaments »).

kami-ya « papetier » litt. « boutique pour le papier »).

tori-ya « oiseleur » (litt. « boutique d'oiseaux »).

37. — La suffixe *sa*, jointe aux radicaux des mots

de condition (adjectifs) transforme ceux-ci en noms abstraits; ex. :

takaï « haut »,	*takasa* « la hauteur »;
siroï « blanc »,	*sirosa* « la blancheur »;
kouroï « noir »,	*kourosa* « la noirceur »;
naǧaï « long »,	*naǧasa* « la longueur »;
atatakaï « chaud »,	*atatakasa* « la chaleur »;
asiï « méchant »,	*asisa* « la méchanceté »;
atarasi-i « nouveau »,	*atarasisa* « la nouveauté ».

38. — On emploie également les radicaux de certains verbes avec la valeur de noms abstraits; ex.:

atayé « un don » rad. du verbe *atayérou* « donner ». — *Ten-no atayé-wo oukétori-masita* « j'ai reçu un don du ciel »[1]. — *ayamatsi* « une faute », rad. de *ayamatsou* « faire une faute ». — *Watakoŭsi-wa watakoŭsi-no ayamatsi-wo aratamé-masoŭ* « je me corrige de mes défauts ».

III. — Pronoms.

39. — Les pronoms japonais peuvent être répartis en cinq groupes principaux, comprenant : 1° les pronoms personnels ; 2° les pronoms possessifs ; 3° les pronoms démonstratifs ; 4° les pronoms réfléchis ; 5° les pronoms indéfinis.

I. — Pronoms personnels.

40. — Les pronoms personnels ne sont pas susceptibles de variation pour indiquer les genres.

---

[1] Cette locution appartient au style élevé. — Dans la langue vulgaire, on emploie de préférence au mot *atayé*, le substantif sinico-japonais *sin-motsoŭ* « un cadeau ».

41. — Le pluriel se forme par l'addition de certaines particules dont il a été parlé plus haut, à propos de la déclinaison des substantifs (§ 15-25).

42. — Les Japonais font usage d'un grand nombre de circonlocutions qui souvent peuvent tenir lieu de pronoms personnels. Ceux-ci sont fréquemment omis dans la langue écrite, et même quelquefois dans la langue vulgaire. Ainsi on dira :

Watakoŭsi-wa myô-nitsi anata-no bes-sô-ni maëri-masyô, ou simplement *myô-nitsi anata-no bes-sô-ni maëri-masyô* « j'irai demain à votre maison de campagne ».

Anata-wa wakari-masoŭ ka? ou *wakari-masoŭ-ka?* « comprenez-vous ? »

43. — On supprime généralement les pronoms personnels dans les phrases où l'on fait usage de locutions de courtoisie, lesquelles suffisent pour dissiper toute incertitude sur le rôle des personnes dont il est question ; ainsi l'on dira :

Nan-zo sasi-aǧé masyô-ka? « que vous offrirai-je ? »;
Kono-hoñ-wo kasité-koudasaï « prêtez-moi ce livre ».

Dans les exemples qui précèdent, les mots *aǧé* et *koudasaï* sont des verbes de courtoisie. *Aǧé* signifie « offrir (en élevant les mains en signe de respect) » et suffit pour indiquer que le sujet de l'action qu'il indique est à la première personne. — *Koudasaï* signifie « donner (en abaissant les mains en signe d'humilité) » et ne peut être employé qu'avec la seconde personne.

44.—Le mot *o* « impérial » (voy. § 27) et son équivalent *go*[1] sont fréquemment employés pour désigner
les objets et les actions de la personne à qui l'on
parle ; et, dans ce cas, tout emploi de pronom personnel ou possessif proprement dit devient inutile ;
exemple :

O-ka-sañ[2] *dé gozaï-masoŭ ka?* « Est-ce votre mère ? »

Tabako-wo o-nomi-nasaï-masoŭ ka? « Fumez-vous ? »

Dzoŭ-tsoŭ-no kousoŭri-wo sitté o-idé nasaï-masoŭ-ka? « Con-
naissez-vous un remède pour le mal de tête ? »

Kono médzoŭrasii hána-wo go-rañ-nasaï « regardez cette
fleur merveilleuse ? »

Koñ-g̃o-seki-wo o-aï-si nasaï-masoŭ-ka? « Aimez-vous les
diamants ? »

Tada-ima doko-ni g̃o-ryô-kô-wo nasaï-masoŭ-ka? « Où fe-
rez-vous un voyage maintenant ? »

45. — Les pronoms personnels les plus communément usités dans le style de la conversation sont
les suivants :

Watakoŭsi « je » ou « moi ».

Anata ou *o-maë* « tu » ou « toi ».

---

[1] C'est à tort que M. Brown, dans son *Colloquial Japanese* (p. 243),
prétend que la préfixe honorifique *o* se met devant les verbes et *go* devant les noms. On dit très-correctement en japonais : *anata-no o-outsi*
« votre maison », *anata-no o-tomo-datsi* « votre ami » ; etc. La seule
règle qu'il serait à la rigueur possible d'établir sur la manière d'employer
les deux formes *o* et *go*, consisterait à dire que la première se met de
préférence devant les mots d'origine chinoise. Encore cette règle souffre-
t-elle des exceptions, comme : *o-takou* « votre demeure », *o-ï-foukou*
« votre vêtement » ; etc.

[2] Ou vulg. *Ok-ka-sañ*

Ano-hito, ano-o-kata ou simplement *karé* « il » ou « lui ».
Ano-onna ou *kano-onna* (litt. « cette femme ») « elle ».

46. — *Watakoŭsi* est employé dans le style le plus courtois ; les gens du peuple et les paysans disent parfois *watasi* ou *wasi* « moi » (voyez § 53).

Watakoŭsi-wa kisérou-wo motsi-masoŭ « j'ai une pipe ».

Ano-hito-wa watakoŭsi-ni té-ḡami-wo tsoŭkawasi-masita « il m'a envoyé une lettre ».

Watakoŭsi-no koto-wo tabi-tabi omoï-masoŭ–ka? « pensez-vous souvent à moi? »

47. — *Anata* est une locution de politesse qui provient de deux mots (*ano–kata*) signifiant « ce côté-là ». — *O-maë* (litt. « devant votre honneur ») est plus familier ; il est d'un usage journalier à Nagasaki. Joint au mot *sama* «monsieur», on forme le pronom *o-maë-sama* qui est, au contraire, très-respectueux et s'emploie en s'adressant à un prince ou à un personnage de rang élevé :

Watakoŭsi-wa anata-no kané-wo oukétori-masita « j'ai reçu votre argent ».

O-maë-wa fransoŭ-ḡo-wo o-tsoŭkaï-nasaï-masoŭ ka? « Comprenez-vous la langue française? »

48. — *Ano-hito* n'est pas à proprement parler un pronom personnel : c'est une locution composée du pronom démonstratif *ano* « cet », et du substantif *hito* « homme, individu ». — *Ano-o-kata*, qui signifie littéralement « ce noble côté », est plus courtois que le précédent. — *Karé* est le pronom proprement dit de la troisième personne, mais il est peu poli, et pour ce motif peu usité. — *Ano-onna* ou *kano-onna* veulent dire mot à mot « cette femme là » ;

Ano-hito-wa baka da « il est imbécile ».

Ano-o-kata-wa daï-myô-no ké-raï-dé gozaï-masoŭ « il est serviteur de prince féodal ».

Anata-wa karé-ni mési-wo o-yari-nasaï « donnez-lui du riz ».

Ano-onna-wa outa-outaï-dé gozaï-masoŭ « elle est chanteuse ».

Kano-onna-wa tsiïsaï néko-wo motsi-masoŭ « elle a un petit chat ».

Ano o-kata wa yoï tokeï-wo o-motsi-nasaï-masoŭ « il a une bonne montre ».

Une femme dira poliment :

Ano o-kata-sama-wa yoki okou-sama-wo o-motsi asoba-si-masoŭ « cet homme a une bonne épouse ».

49. — Les pronoms personnels japonais se déclinent avec les mêmes particules que les substantifs ainsi qu'on peut le voir par les paradigmes suivants :

WATAKOUSI « moi ».

SINGULIER.

Nom. *Watakoŭsi* ou *watakoŭsi-wa* « moi ».
Gén. *Watakoŭsi-no* « de moi ».
Dat. *Watakoŭsini* ou *watakoŭsi-yé* « à moi » ou « vers moi ».
Acc. *Watakoŭsi-wo* « moi ».

Abl. *Watakoŭsi-yori* ou *watakoŭsi-kara* « de moi » ou « provenant de moi ».

Inst. *Watakoŭsi-dé* « avec moi » ou « au moyen de moi ».

PLURIEL.

Nom. *Watakoŭsi-domo-wa* « nous ».

Gén. *Watakoŭsi-domo-no* « de nous ».

Dat. *Watakoŭsi-domo-ni* ou *watakoŭsi-domo-yé* « à nous » ou « vers nous ».

Acc. *Watakoŭsi-domo-wo* « nous ».

Abl. *Watakoŭsi-domo-yori* ou *watakoŭsi-domo-kara* « de nous » ou « provenant de nous ».

Inst. *Watakoŭsi-domo-dé* « avec nous » ou « au moyen de nous ».

ANATA « VOUS ».

SINGULIER.

Nom. *Anata-wa* « toi ».

Gén. *Anato-no* « de toi ».

Dat. *Anata-ni* ou *anata-yé* « à toi » ou « vers toi ».

Acc. *Anata-wo* « toi ».

Abl. *Anata-yori* ou *anata-kara* « de toi » ou « provenant de toi ».

Inst. *Anata-dé* « avec toi » ou « au moyen de toi ».

PLURIEL.

Nom. *Anata-g̃ata-wa* « vous ».

Gén. *Anata-g̃ata-no* « de vous ».

Dat. *Anata-g̃ata-ni* ou *anata-g̃ata-yé* « à vous » ou « vers vous ».

Acc. *Anata-g̃ata-wo* « vous ».

Abl. *Anata-g̃ata-yori* ou *anata-g̃ata-kara* « de vous » ou « provenant de vous ».

Inst. *Anata-g̃ata-dé* « avec vous » ou « au moyen de vous ».

Ano-hito « lui ».

Nom. *Ano-hito-wa* « lui ».

Gén. *Ano-hito-no* « de lui ».

Dat. *Ano-hito-ni* ou *ano-hito-yé* « à lui » ou « vers lui ».

Acc. *Ano-hito-wo* « lui ».

Abl. *Ano-hito-yori* ou *ano-hito-kara* « de lui » ou « provenant de lui ».

Inst. *Ano-hito-dé* « avec lui » ou « au moyen de lui ».

Nom. *Ano-hito-bito-wa* ou *ano-hito-tatsi-wa* « eux ».

Gén. *Ano-hito-bito-no* ou *ano-hito-tatsi-no* « d'eux ».

Dat. *Ano-hito-bito-ni* ou *ano-hito-bito-yé, ano-hito-tatsi-ni* ou *ano-hito-tatsi-yé* « à eux » ou « vers eux ».

Acc. *Ano-hito-bito-wo* ou *ano-hito-tatsi-wo* « eux ».

Abl. *Ano-hito-bito-yori* ou *ano-hito-bito-kara* ou *ano-hito-tatsi-yori* ou *ano-hito-tatsi-kara* « d'eux » ou « provenant « d'eux ».

Inst. *Ano-hito-bito-dé* ou *ano-hito-tatsi-dé* « avec eux » ou « au moyen d'eux ».

Ano-onna « elle ».

Nom. *Ano-onna-wa* « elle ».

Gén. *Ano-onna-no* « d'elle ».

Dat. *Ano-onna-ni* ou *ano-onna-yé* « à elle » ou « vers elle ».

Acc. *Ano-onna-wo* « elle ».

Abl. *Ano-onna-yori* ou *ano-onna-kara* « d'elle » ou « provenant d'elle. »

Inst. *Ano-onna-dé* « avec elle » ou « au moyen d'elle ».

Nom. *Ano-onna-ğata-wa* « elles ».

Gén. *Ano-onna-ğata-no* « d'elles ».

Dat. *Ano-onna-ğata-ni* ou *ano-onna-ğata-yé* « à elles » ou « vers elles ».

Acc. *Ano-onna-ğata-wo* « elles ».

Abl. *Ano-onna-ğata-yori* ou *ano-onna-ğata-kara* « d'elles » ou « provenant d'elles ».

Inst. *Ano-onna-ğata-dé* « avec elles » ou « au moyen d'elles ».

50. — En dehors des pronoms personnels que nous venons de citer et qui sont les plus communément usités, les Japonais emploient certains pronoms qui indiquent la supériorité de la personne qui parle ou celle de la personne à qui l'on parle.

51. — Première personne. — *Marô* ou *tsin* est un pronom à l'usage exclusif de l'empereur (*mikado*). *Marô* est une contraction des mots archaïques *mi-a (ré)-ro* « Nous Empereur ».

52. — *Waré*, qui est le pronom de la première personne le plus usité de la langue écrite, s'emploie aussi quelquefois dans la langue parlée, surtout parmi les personnes lettrées, lorsqu'elles veulent insister sur leur personnalité. Il forme son pluriel à l'aide de la particule *ra* :

Waré-ra-wa san-nen-maë-ni kono hoñ-wo arawasi-masita « nous avons publié ce livre il y a trois ans ».

Le taï-koun et les grands daïmyôs se servent du pronom *waré*.

53. — *Wasi* est un pronom familier qui signifie « moi ». Il indique toujours une certaine supériorité de la part de celui qui l'emploie vis-à-vis de son interlocuteur. Un père parlant à ses enfants, par exemple, peut faire usage du pronom *wasi*, mais ses enfants en lui répondant ne s'en serviront point à leur tour, et diront *watakoŭsi* « moi » :

Wasi wo omaë-no seï-tsyo-wo tanosimou-g̃a, sikasi waroui hito-ni (ou *hito-to*) *maziwarou-koto-wo anzi-masoŭ* « je me réjouis de votre croissance, mais je crains vos relations avec des méchants ». (Paroles d'un père à son enfant.)

54. — *Ses-sya* « être sans talent » est usité pour dire « moi » quand il s'agit d'un supérieur qui parle à un inférieur. Il est d'un emploi fréquent dans le langage des hauts dignitaires de la cour, des daïmyôs ou princes féodaux, des ambassadeurs et de tous les fonctionnaires supérieurs de l'empire. Dans l'intérieur de leur palais, par exemple, le taïkoun ou les reguli, parlant d'égal à égal, feront usage de *ses-sya* pour dire « moi », et de *o-té-maë sama* pour dire « vous » :

Ses-sya-wa tada-ima isogasikou gozaï-masoŭ-kara, o-té-maë-sama-wa sibarakou o-matsi-nasaï « comme je suis occupé en ce moment veuillez m'attendre un instant ».

Ses-sya-wa. myô-nitsi mikado-no go-teñ-ni maëri-masyô « j'irai demain au palais de l'empereur ».

55. — On emploie également *ore* « moi » en s'adressant à un inférieur :

Oré-wa bes-sô-ni youkou kara, moŭma-ni koura-wo oké

« comme je vais à ma maison de campagne, mets la selle au cheval ».

56. — Parmi les pronoms de la première personne employés dans les dialectes populaires et provinciaux, il faut citer *wasi* usité communément à Ohosaka, *watasi* à Nagasaki, *oré, oï* et *waasi* à Satsouma.

57. — SECONDE PERSONNE. — *Kimi* « seigneur » est très-poli, dans le style de la conversation pour dire « vous ». On emploie dans le même sens, mais avec moins de respect, le mot *sama* et par contraction familière *sañ*, litt. « l'apparence, la mine, la manière », lequel répond à notre expression « vous, Monsieur », — *Kimi-sama* est une expression courtoise, de la même valeur que les précédentes.

58. — Des deux pronoms de la seconde personne donnés plus haut (§ 47) *anata* (ou *anata-sama* « votre seigneurie ») est le plus poli. Mais *go-zen* correspondant sinico-japonais du mot *o-maë*, surtout sous la forme *go-zen-sama*, est tout particulièrement respectueux. Les Japonais en font usage lorsqu'ils parlent au prince féodal dont ils sont les sujets :

Go-zen-wa o-baba-ni irasiyai-masoŭka? « Votre Altesse va-t-elle au manége ? »

59. — *Waré-wa* s'emploie également pour désigner la personne à qui l'on parle, lorsqu'elle occupe une position inférieure. Ainsi, l'on dira à un domestique, par exemple :

Waré-wa kaï-mono-ni youké « va faire des acquisitions ».

60. — *Té-maë*, litt. « devant la main », est usité dans les mêmes cas que le pronom précédent :

Té-maë-wa niwa-no sô-zi-wo siro « va nettoyer le jardin ».

Kono-hô-wa té-ğomi-wo kakou-kara, té-maë-wa akari-wo motté-koï « comme j'écris une lettre, apporte-moi une lumière ».

61. *Kono-hô*, dans l'exemple qui précède, signifie littéralement « ce côté-ci », et est dans la pratique une véritable locution pronominale répondant à « moi ». — Suivant le même principe, *sono-hô* « ce côté-là » sera usité par un supérieur pour dire « vous » à un inférieur. — *Nandzi* est aussi usité quelquefois dans le sens de « toi ».

Sono hô-wa nani-ğe-wo kokoro-yété orou ka? « quelle science savez-vous? »

Ano-mono-wa tas-sya-ni moŭma-wo norou-to môsou koto da ğa, nandzi-wa soré-wo sitté orou ka? « J'ai entendu dire qu'il était habile à monter à cheval, savais-tu cela? »

Le taï-koun emploie communément le pronom *sono-hô* « vous », quand il s'adresse aux officiers de son palais :

Sono hô-wa ko-ko-ni mairé « venez ici ».

Sono hô-ni soukosi yô-ğa arou « j'ai un peu besoin de vous ».

62. — *Ouë-sama*, litt. « la haute seigneurie », est également une locution polie qui tient lieu du pronom de la seconde personne.

63. — *Nousi* « le maître » est employé quelque-

fois par les femmes mariées pour désigner leur époux.

64. — *Ki-rô* « le noble vieillard » répond au pronom personnel « vous » quand on s'adresse à un bonze.

65. — Parmi les pronoms de la seconde personne employés dans les dialectes populaires et provinciaux, nous citerons : *anta* usité à Ohosaka, *omaï* à Nagasaki, *waï* et *ovaa* à Satsouma.

66. — TROISIÈME PERSONNE. — *Aré* « lui, il » de même que *karé*, qui a été donné plus haut (§ 48) est un pronom de la troisième personne dont le radical *a* indique une place située en dehors de l'individu qui parle :

Aré-wa kono outsi-ni maërou-koto-wo iyağari-masoŭ « il lui répugne de venir dans cette maison ».

67. — *Konata*, contraction de *kono kata* « ce côté-ci », qui est le correspondant indigène du sinico-japonais *kono-hô* (§ 61), s'emploie familièrement dans le sens de « il, lui » ; ainsi l'on dira à un ami, par exemple :

Konata-no go-seï-meï-wa nani-to ossaï-masoŭ-ka? « Quels sont les nom et prénoms DE LUI? »

68. — En parlant de l'épouse du taï-koun, on se sert du mot *mi-daï-sama;* et, lorsque ce prince est déchu, du mot *go-reñ-tsyou-sama* :

Mi-daï-sama-wa go-teñ-ni irasiyaï-masoŭ « elle (l'épouse du taï-koun) est au palais ».

Go-reñ-tsyou-sama-wa   o-niwa-ni   o-asobi-asobasi-masoŭ
« elle (l'épouse du taï-koun déchu) se promène dans le jardin ».

II. — PRONOMS POSSESSIFS.

69. — Les Japonais ne possèdent pas précisément de pronoms possessifs ; mais ils suppléent à leur défaut à l'aide de la particule *no* du génitif jointe aux pronoms personnels :

SINGULIER.

Watakoŭsi-no « mon, ma » (littéralement : « de moi »).

Anata-no « ton, ta » (litt. « de toi »).

Karé-no « son, sa » (litt. « de lui »), en parlant d'un homme (anglais : *his*).

Ano-hito-no « son » (litt. « de lui »).

Ano-onna-no « son, sa » (litt. « de elle »), en parlant d'une femme (anglais : *her*).

PLURIEL.

Watakoŭsi-domo-no « nos » (litt. « de nous »).

Anata-ğata « vos » (litt. « de vous »).

Karé-ra-no « leur » (litt. « de eux »).

Ano-hito-no « leur » (litt. « de eux »), en parlant d'hommes.

Ano-onna-no « leur » (litt. « de elles ») en parlant de femmes.

70. — Les pronoms possessifs ainsi formés peuvent se décliner comme de simples substantifs, en joignant à la particule *no* du génitif, les autres particules dont il a été question à propos de la déclinaison des noms (§ 15-26) :

Watakousi-no « le mien ».

SINGULIER.

Nom. *Watakoŭsi-no-wa* « le mien ».
Gén. *Watakoŭsi-no no* « du mien ».
Dat. *Watakoŭsi-no-ni*
     Watakoŭsi-no-yé } « au mien ».
Acc. *Watakoŭsi-no-wo* « le mien ».
Abl. *Watakoŭsi-no-yori*
     Watakoŭsi-no-kara } « du mien ».
Inst. *Watakoŭsi-no-dé* « avec le mien » ou « au moyen du mien ».

PLURIEL.

Nom. *Watakoŭsi-domo-no-wa* « le nôtre ».
Gén. *Watakoŭsi-domo-no-no* « du nôtre ».
Dat. *Watakoŭsi-domo-no-ni*
     Watakoŭsi-domo-no-yé } « au nôtre ».
Acc. *Watakoŭsi-domo-no wo* « le nôtre ».
Abl. *Watakoŭsi-domo-no-yori*
     Watakoŭsi-domo-no-kara } « du nôtre ».
Inst. *Watakoŭsi-domo-no-dé* « avec le nôtre » ou « au moyen du nôtre.

Anata-no « le tien ».

SINGULIER.

Nom. *Anata-no-wa* « le tien ».
Gén. *Anata-no-no* « du tien ».
Dat. *Anata-no-ni*
     Anata-no-yé } « au tien ».
Acc. *Anata-no-wo* « le tien ».
Abl. *Anata-no-yori*
     Anata-no-kara } « du tien ».
Inst. *Anata-no-dé* « avec le sien » ou « au moyen du sien»,

Nom. *Anata-ğata-no-wa* « le vôtre ».

Gén. *Anata-ğata-no-no* « du vôtre ».

Dat. *Anata-ğata-no-ni*
Anata-ğata-no-yé } « au vôtre ».

Acc. *Anata-ğata-no-wo* « le vôtre ».

Abl. *Anata-ğata-no-yori*
Anata-ğata-no-kara } « du vôtre ».

Inst. *Anata-ğata-no-dé* « avec le vôtre » ou « au moyen du vôtre ».

ANO–HITO–NO « le sien ».

Nom. *Ano-hito-no-wa* « le sien ».

Gén. *Ano-hito-no-no* « du sien ».

Dat. *Ano-hito-no-ni*
Ano-hito-no-yé } « au sien ».

Acc. *Ano-hito-no-wo* « le sien ».

Abl. *Ano-hito-no-yori*
Ano-hito-no-kara } « du sien ».

Inst. *Ano-hito-no-dé* « avec le sien » ou « au moyen du « sien ».

Nom. *Ano-hito-tatsi-no-wa* « le leur ».

Gén. *Ano-hito-tatsi-no-no* « du leur ».

Dat. *Ano-hito-tatsi-no-ni*
Ano-hitu-tatsi-no-yé } « au leur ».

Acc. *Ano-hito-tatsi-no-wo* « le leur ».

Abl. *Ano-hito-tatsi-no-yori*
Ano-hito-tatsi-no-kara } « du leur ».

Inst. *Ano-hito-tatsi-no-dé* « avec le leur » ou « au moyen du leur ».

71. — Les pronoms démonstratifs japonais sont formés à l'aide des radicaux *ko, so, a, ka*, lesquels indiquent une situation plus ou moins précisée, plus ou moins éloignée du substantif désigné.

72. — *Ko* indique une place fixe et rapprochée de la personne qui parle.

73. — *So* indique une place dont il a été question précédemment, qui est connue de l'interlocuteur, ou qui est particulière à l'objet désigné.

74. — *A* indique une place relativement plus éloignée de la personne qui parle, et qu'il lui importe peu de définir d'une manière précise.

75. — *Ka* indique une place fixe et ne diffère de *ko* (§ 72) que parce que la place désignée est située à distance de la personne qui parle.

76. — Lorsque ces pronoms sont placés immédiatement devant un substantif, ils s'adjoignent la suffixe *no* (§ 18), et, prenant ainsi une forme adjective, ils deviennent indéclinables :

Ko-no « ce, cet, cette ». — *Ko-no inou* « ce chien-ci ». — *Ko-no hito* « cet individu-ci ». — *Ko-no mousoŭmé* « cette fille-ci ».

So-no « ce, cet, cette ». — *So-no katana* « ce couteau (en question) ». — *So-no kodomo* « cet enfant (en question) ». — *So-no hăna* « cette fleur (en question) ».

A-no « ce, cet, cette ». — *A-no moŭma* « ce cheval-là ».

— *Ano-ôgi* « cet éventail-là ».—*A-no aboŭra* « cette huile-là ».

Ka-no « ce, cet, cette ».—*Ka-no iyé* « cette maison là-bas ».
— *Ka-no otoko* « cet homme là-bas ». — *Ka-no onna* « cette femme là-bas ».

77. — Lorsque ces pronoms ne sont pas immédiatement suivis d'un substantif, ils s'adjoignent la suffixe *ré* :

Ko-ré « celui-ci », « celle-ci », « ceci ». — *So-ré* « celui-ci même », « celle-ci même », « ceci même ». — *A-ré* « celui-là », « celle-là », « cela ». — *Ka-ré* « celui-là là-bas », « celle-là là-bas », « cela là-bas ».

78. — Ainsi traités substantivement ces pronoms peuvent être déclinés comme de simples noms :

KORÉ « celui-ci », « celle-ci », « ceci ».

SINGULIER.

Nom. *Koré-wa* « celui-ci », « ceci ».

Gén. *Koré-no* « de celui-ci », « de celle-ci », « de ceci ».

Dat. *Koré-ni*
    Koré-yé } « à celui-ci », « à celle-ci », « à ceci ».

Acc. *Koré-wo* « celui-ci », « celle-ci », « ceci ».

Abl. *Koré-yori*
    Koré-kara } « de celui-ci », « de celle-ci », « de ceci ».

Inst. *Koré-dé* « avec celui-ci » ou « au moyen de celui-ci »; « avec celle-ci » ou « au moyen de celle-ci »; « avec ceci » ou « au moyen de ceci ».

PLURIEL.

Nom. *Koré-ra-wa* « ceux-ci », « celles-ci ».

Gén. *Koré-ra-no* « de ceux-ci », « de celles-ci ».

Dat. *Koré-ra-ni*
    Koré-ra-yé } « à ceux-ci », « à celles-ci ».

Acc. *Koré-ra-wo* « ceux-ci », « celles-ci ».

Abl. *Koré-ra-yori*
Koré-ra-kara } « de ceux-ci » « de celles-ci ».

Inst. *Koré-ra-dé* « avec ceux-ci », ou « au moyen de ceux-ci ; » « avec celles-ci » ou « au moyen de celles-ci ».

Soré « celui-ci même », « celle-ci même », « ceci même ».

SINGULIER.

Nom. *Soré-wa* « celui-ci même », « celle-ci même », « ceci même ».

Gén. *Soré-no* « de celui-ci même », « de celle-ci même », « de ceci même ».

Dat. *Soré-ni*
Soré-yé } « à celui-ci même », « à celle-ci même», « à ceci même ».

Acc. *Soré-wo* « celui-ci-même », « celle-ci même », « ceci même ».

Abl. *Soré-yori*[1]
Soré-kara[1] } « de celui-ci même », « de celle-ci même », « de ceci même ».

Inst. *Soré-dé*[1] « avec celui-ci même » ou « au moyen de celui-ci même »; avec celle-ci même », ou « au moyen de celle-ci même »; « avec ceci même » ou « au moyen de ceci même ».

PLURIEL.

Nom. *Soré-ra-wa* « ceux-ci mêmes », « celles-ci mêmes ».

Gén. *Soré-ra-no* « de ceux-ci mêmes », « de celles-ci mêmes.»

Dat. *Soré-ra-ni*
Soré-ra-yé } « à ceux-ci mêmes », « à celles-ci mêmes ».

Acc. *Soré-ra-wo* « ceux-ci mêmes », « celles-ci mêmes ».

---

[1] Ces trois formes sont souvent employées adverbialement.

Abl. *Soré-ra-yori* } « de ceux-ci mêmes », « de celles-
  Soré-ra-kara } ci mêmes ».

Inst. *Soré-ra-dé* « avec ceux-ci mêmes » ou « au moyen de ceux-ci mêmes »; « avec celles-ci mêmes » ou « au moyen de celles-ci mêmes ».

ARÉ « celui-là », « celle-là », « cela ».

SINGULIER.

Nom. *Aré-wa* « celui-là », « celle-là ».

Gén. *Aré-no* « de celui-là », « de celle-là ».

Dat. *Aré-ni* } « à celui-là », « à celle-là ».
  Aré-yé }

Acc. *Aré-ra-wo* « celui-là », « celle-là ».

Abl. *Aré-yori* } « de celui-là », « de celle-là ».
  Aré-kara }

Inst. *Aré-dé* « avec celui-là » ou « au moyen de celui-là »; « avec celle-là » ou « au moyen de celle-là. »

PLURIEL.

Nom. *Aré-ra-wa* « ceux-là », « celles-là ».

Gén. *Aré-ra-no* « de ceux-là », « de celles-là ».

Dat. *Aré-ra-ni* } « à ceux-là », « à celles-là ».
  Aré-ra-yé }

Acc. *Aré-ra-wo* « ceux-là », « celles-là ».

Abl. *Aré-ra-yori* } « de ceux-là » « de celles-là ».
  Aré-ra-kara }

Inst. *Aré-ra-dé* « avec ceux-là » ou « au moyen de ceux-là », « avec celles-là » ou « au moyen de celles-là ».

KARÉ « celui-là là-bas », « celle-là là-bas », « cela là-bas ».

SINGULIER.

Nom. *Karé-wa* « celui-là là-bas », « celle-là là-bas ».

Gén. *Karé-no* « de celui-là là-bas », « de celle-là là-bas.

Dat. *Karé-ni*) « à celui-là là-bas », « à celle-là là-
　　 Karé-yé) bas ».

Acc. *Karé-wo* « celui-là là-bas », « celle-là là-bas ».

Abl. *Karé-yori*) « de celui-là là-bas », « de celle-là là-
　　 Karé-kara) bas. »

Inst. *Karé-dé* « avec celui-là là-bas » ou « au moyen de celui-là là-bas »; « avec celle-là là-bas » ou « au moyen de celle-là là-bas ».

PLURIEL.

Nom. *Karé-ra-wa* « ceux-là là-bas », « celles-là là-bas ».

Gén. *Karé-ra-no* « de ceux-là là-bas », « de celles-là là-bas ».

Dat. *Karé-ra-ni*) « à ceux-là là-bas » « à celles-là là-
　　 Karé-ra-yé) bas ».

Acc. *Karé-ra-wo* « ceux-là là-bas » « celles-là là-bas ».

Abl. *Karé-ra-yori*) « de ceux-là là-bas », « de celles-
　　 Karé-ra-kara) là là-bas ».

Inst. *Karé-ra-dé* « avec ceux-là là-bas » ou « au moyen de ceux-là là-bas »; « avec celle-là là-bas » ou « au moyen de celles-là là-bas ».

IV. — PRONOMS RÉFLÉCHIS.

79. — *Onoré* signifie « soi-même », sa propre personne », « sa propre manière » :

Ano-hito-wa onoré-wo wasouré-masenŏŭ « il ne s'oublie pas».

80. — *Mi* « le corps », en composition comme : *wa-g̃a-mi* « la personne de soi-même » ; — *mi-dzoŭkara* « quant à la personne même », forme des expressions fréquemment employées comme pronoms réfléchis :

Ano-hito-wa wa-g̃a-mi-wo omoï-masŏŭ « cet homme pense à lui-même ».

Wa-ğa-mi-wo aï-sourou-naraba, hito-wo-mo o-aï-si-nasai
« si vous vous aimez vous-même, aimez aussi les autres ».

Ano mousoŭme-wa wa-ğa-mi-wo ouri-masita « cette fille
s'est vendue elle-même ».

Midzoŭkara wazawaï-wo motomé-masita « il s'est attiré ce
malheur ».

81. — Employé pour la personne à qui l'on
parle ce pronom doit être précédé de la particule de
courtoisie *o*.

O-mi-wo taï-setsoŭ-ni nasaï-masi « prenez garde à vous-
même ».

82. — On emploie également, comme pronoms
réfléchis, les composés sinico-japonais qui suivent :
zi-sin, litt. « le propre corps », « la propre personne » ; — *zi-boun*, litt. « la propre partie » ; —
zi-zen, litt. « de soi-même », « spontané » ; — *zi-ko*
« soi-même » ; ex. :

Watakoŭsi-wa kono hoň-wo zi-sin-dé motté maïri-masyô
« j'emporterai moi-même ce livre ».

Kono hána-wo zi-boun-dé ouë-masita « j'ai planté moi-même
cette fleur ».

Kono kawa-wa si-zen-ni (ou vulg. *zi-nen-ni*) *foukô nari-
masoŭ* « cette rivière devient profonde spontanément (d'elle-
même) ».

Karé-wa zi-ko-no katté-wo môsi-masoŭ « il dit que cela
lui est agréable ».

83. — Le mot japonais *ono-dzoŭkara* peut être
employé dans le même sens et dans les mêmes conditions que le mot *zi-zen* :

Kono kawa-wa ono-dzoŭkara foukô nari-masoŭ « cette rivière devient profonde spontanément (d'elle-même) ».

Koré-wa ono-dzŏŭkara taworé-masŏŭ « cela tombe de soi-même ».

84. — Le mot *té-dzŏŭkara* « de sa propre main», peut aussi s'employer comme dans l'exemple suivant :

Teï-wa té-dzŏŭkara hôbi-wo karé-ni atayé-masita « l'empereur lui a donné une récompense lui-même (litt. de sa propre main) ».

PRONOMS RÉCIPROQUES.

85. — La réciprocité s'indique en japonais à l'aide du mot *aï*, radical du verbe *a'ou* « se rencontrer », ou bien avec le mot *tağaï* qui signifie « mutuellement » :

O-tağaï ni o-tasouké-môsi-masyô « souffrez que nous nous aidions réciproquement ».

O-tağaï-dé gozaï-masŏŭ « je vous demande la pareille (à titre de revanche)».

V. — PRONOMS INDÉFINIS.

86. — *Soréğasi* indique une personne qu'on ne désigne point par son nom : *Soréğasi-no hito* « un tel ». — *Soréğasi-no onna* « une telle ». Ex. :

Soreğasi-no hito-wa saké-wo nomi-masenŏŭ « un tel ne boit pas de vin ».

Soréğasi-no onna-wa fransŏŭ-go-wo manabi-masŏŭ « une telle étudie le français ».

87. — *Arou* ou *sarou* signifie « un certain », « une certaine » (latin : *quidam, quædam*) :

Arou hito-wa arou tokoro-ni maëri-masité, arou koto-wo

itasi-masita « un certain homme, ayant été dans un certain endroit, a fait une certaine chose ».

88. — *Ono-ono* signifie « chacun » :

Ono-ono nozomi-ḡa gozaï-masoŭ « chacun a ce qu'il désire».

Dans les composés sinico-japonais on fait usage du mot *maï* dans le sens de « chaque » :

Maï-nitsi « chaque jour ». — *Maï-nen* « chaque année ». — *Maï-do* « chaque fois ».

89. — *Hoka*, litt. « en dehors », et son correspondant sinico-japonais *bétsoŭ*, répondent à notre pronom indéfini « autre » :

Watakoŭsi-wa tada-ima-yori hoka-no tokoro-ni maëri-masoŭ « je vais maintenant dans un autre endroit ».

Sono koto-wa betsoŭ-no hi-ni itasi-masyô « cette chose-là se fera un autre jour ».

90. — On fait également usage, dans les composés sinico-japonais, du mot *ta* dans le sens de autre :

Ta-nin ou *ta-zin* « un autre homme ». — *Ta-zitzoŭ* « un autre jour ». — *Sono ta-wa* « pour ce qui est des autres choses (quant au reste) ».

91. — *Onazi* ou *onadzi*, et son correspondant sinico-japonais *dô*, signifient « même » :

Onazi-koto « la même chose ». — *Onazi-tokoro* « le même endroit ».

Dô-zitsoŭ « le même jour ». — *Dô-ḡétsoŭ* « le même mois ». — *Dô-nen* « la même année ». — *Dô-boutsoŭ* « la même chose ». — *Dô-kyô* « le même pays ». — *Dô-kyô* « la même demeure ». — *Do-tsyô* « le même quartier (la même rue) ».

92. — *Mina* (pron. vulg. *minna*) « tous », placé devant un substantif avec lequel il s'accorde, s'adjoint ordinairement la particule *no* (§ 18).

Mina-no hito « tous les hommes ».

Au contraire, quand le mot *mina* suit le substantif avec lequel il s'accorde, ce qui est préférable, ou lorsqu'il précède un adjectif, il est invariable :

Kono hito-no ségaré-wa karé-no tsitsi-no kané-wo mina tsoukaï-hatasi-masita « le fils de cet homme a dépensé tout l'argent de son père ».

Watakoŭsi-wa mina waroui kédamono-wo korosi-masyŏ « je tuerai tous les animaux méchants ».

93. — Le pronom indéfini « personne » se rend ordinairement, en japonais, par l'expression *daré-mo*, accompagné d'un négatif :

Sakoŭ-zitsoŭ-wa watakoŭsi no takoŭ-ni daré-mo maëri-masendatta « hier personne n'est venu chez moi ».

94. — On peut également rendre le pronom indéfini « personne » à l'aide du mot japonais *hito* « un individu » et de l'auxiliaire négatif *naï* « ne pas être » :

Kono sima-ni hito-wa ï-naï ka ? « Est-ce que personne n'habite dans cette île ».

CHAPITRE SECOND

DES VERBES.

OBSERVATION GÉNÉRALE.

95. — Les verbes japonais se conjuguent suivant trois voix principales : la voix active, la voix passive et la voix neutre. Quelques verbes peuvent en outre, par leur forme et par leur signification, être répartis dans des classes spéciales répondant à nos verbes réfléchis, verbes impersonnels, etc.

96. — Les verbes japonais ont huit modes : l'indicatif, le conditionnel, l'impératif, le concessif, l'infinitif, le gérondif, le participe et l'adverbial.

97. — Les temps sont le présent (jap. *gen-zaï*), le passé (*kwa-ko*), le futur (*mi-raï*).

98. — Aucune forme particulière n'existe, dans la conjugaison japonaise, pour indiquer les personnes ni les nombres. Toutefois, certaines particules d'humilité ou de respect sont employées de manière à faire connaître si le sujet est à la première ou à la seconde personne. En outre, le choix des verbes varie souvent selon qu'ils se rapportent à la personne qui parle ou à la personne à qui l'on parle ; de telle sorte qu'il ne peut subsister aucun doute sur le rôle des personnes, quand bien même on ne fait pas usage des pronoms personnels (Voy. § 27 et plus loin).

99. — Enfin il existe en japonais des verbes composés qui jouent un rôle considérable dans le langage, et qui permettent de modifier le sens du thème verbal primitif, suivant les besoins du discours.

100. — Tous les verbes japonais sont susceptibles d'être conjugués avec le sens négatif, et cela par

l'adjonction à la racine du verbe affirmatif d'une particule négative conjugable elle-même.

101. — Les radicaux ou formes élémentaires des verbes sont, en japonais, terminés par *e* ou par *i*. Ces derniers changent pour certains temps cette désinence en *a* ou *o*, tandis que les premiers conservent leur désinence en *e*. Il en résulte deux classes de verbes : 1° les verbes réguliers ou inaltérables ; 2° les verbes réguliers ou altérables.

102. — Dans le langage de la courtoisie, les verbes se conjuguent invariablement à l'aide d'un auxiliaire *masi-masoŭ* qui, mis en suffixe, après le radical verbal, subit toutes les variations de formes nécessaires pour indiquer les modes et les temps, tandis que ce radical demeure absolument invariable. — Au contraire, dans le langage des gens supérieurs à l'égard de leurs inférieurs, cet auxiliaire n'est point usité, et alors le radical verbal est l'objet de toutes les transformations exigées par les règles de la conjugaison japonaise.

LANGAGE DE LA COURTOISIE.

DU VERBE AUXILIAIRE *masi-masoŭ*.

103. — Le verbe auxiliaire de la langue courtoise est *masoŭ* (radical : *masi*). Il sert purement et simplement à conjuguer les autres verbes, sans rien ajouter à leur signification.

Voici un paradigme de ce verbe, réduit à sa plus simple expression :

Radical : MASI.

Affirmatif.   Négatif.

INDICATIF

Présent : *masŏ*. | *masen* ou *masenŏ*.
Passé : *masita*. | *masénanda*.
Futur : *masyó*. | *masŏ-maï*.

CONDITIONNEL

Présent : *masŏ-naraba*. | *masenŏ-naraba*.
Passé : *masita-naraba*. | *masénanda-naraba*.
Futur : *masyó-naraba*. | *masŏ-maï-naraba*.

IMPÉRATIF

Voy. les paradigmes § 104 et suiv.

CONCESSIF

Présent : *masŏ-to-iyé-domo* | *masenŏ-to-iyé-domo* ou *mase-*
ou *masŏ-kéré-domo*. | *noŏ-kéré-domo*.
Passé: *masita-to-iyé-domo* ou | *masénanda-to-iyé-domo* ou *ma-*
masita-kéré-domo. | *sénanda-kéré-domo*.
Futur : *masyó-to-iyé-domo* ou | *masŏ-maï-to-iyé-domo* ou
masyó-kéré-domo. | *masŏ-maï-kéré-domo*.

INFINITIF

Présent : *masŏ-koto*. | *masenŏ-koto*.
Passé : *masita-koto*. | *masénanda-koto*.
Futur : *masyó-koto*. | *masŏ-maï-koto*.

GÉRONDIF

masité. | *masénandé*.

PARTICIPE. — Semblable à l'indicatif, mais placé devant le nom qu'il doit qualifier.

Du verbe actif.

104. — Le verbe actif se conjugue à l'aide du

radical verbal invariable, suivi de l'auxiliaire *masi-masoŭ*, dont on a donné plus haut le paradigme :

MIROU (radical : MI) « voir » [1].

INDICATIF.

Présent.

Watakoŭsi-wa mi-masoŭ, je vois.
Anata-wa mi-masoŭ, tu vois.
Ano-hito-wa mi-masoŭ, il voit.
Watakoŭsi-domo-wa mi-masoŭ, nous voyons.
Anata-ğata-wa mi-masoŭ, vous voyez.
Ano-hito-tatsi-wa mi-masoŭ, ils voient.

Passé.

Watakoŭsi-wa mi-masita, je voyais.
Anata-wa mi-masita, tu voyais.
Ano-hito-wa mi-masita, il voyait.
Watakoŭsi-domo-wa mi-masita, nous voyions.
Anata-ğata-wa mi-masita, vous voyiez.
Ano-hito-tatsi-wa mi-masita, ils voyaient.

Futur.

Watakoŭsi-wa mi-masyó, je verrai.
Anata-wa mi-masyó, tu verras.
Ano-hito-wa mi-masyó, il verra.
Watakoŭsi-domo-wa mi-masyó, nous verrons.
Anata-ğata-wa mi-masyó, vous verrez.
Ano-hito-tatsi-wa mi-masyó, ils verront.

---

[1] Nous ·donnons *in extenso* les paradigmes de conjugaison dans l'intérêt des Japonais qui ont exprimé l'intention de se servir de cette grammaire pour l'étude de la langue française.

IMPÉRATIF.

Mi-masé (inusité) }
O-mi-nasaï [1]   } voyez.

CONDITIONNEL.

Présent.

Watakoŭsi-wa mi-masoŭ-naraba, si je vois.

Anata-wa mi-masoŭ-naraba, si tu vois.

Ano-hito·wa mi-masoŭ-naraba, s'il voit.

Watakoŭsi-domo-wa mi-masoŭ-naraba, si nous voyons.

Anata-ğata-wa mi-masoŭ-naraba, si vous voyez.

Ano-hito-tatsi-wa mi-masoŭ-naraba, s'ils voient.

Passé.

Watakoŭsi-wa mi-masita-naraba, si j'avais vu.

Anata-wa mi-masita-naraba, si tu avais vu.

Ano-hito-wa mi-masita-naraba, s'il avait vu.

Watakoŭsi-domo-wa mi-masita-naraba, si nous avions vu.

Anata-ğata-wa mi-masita-naraba, si vous aviez vu.

Ano-hito-tatsi-wa mi-masita-naraba, s'ils avaient vu.

Futur (peu usité.)

Watakoŭsi-wa mi-masyó-naraba, si je dois voir.

Anata-wa mi-masyó-naraba, si tu dois voir.

Ano-hito-wa mi-masyó-naraba, s'il doit voir.

Watakoŭsi-domo-wa mi-masyó-naraba, si nous devons voir.

Anata-ğata-wa mi-masyó-naraba, si vous devez voir.

Ano-hito-tatsi-wa mi-masyó-naraba, s'ils doivent voir.

CONCESSIF

Présent.

Watakoŭsi-wa mi-masoŭ-to-iyé-domo, quoique je voie.

Anata-wa mi-masoŭ-to iyé-domo, quoique tu voies.

---

[1]. On emploie communément l'expression sinico-japonaise *go-rañ-nasaï* dans le sens de « voyez ».

Ano-hito-wa mi-masoŭ-to-iyé-domo, quoiqu'il voie.

Watakoŭsi-domo-wa mi-masoŭ-to-iyé-domo, quoique nous voyions.

Anata-g̃ata-wa mi-masoŭ-to-iyé-domo, quoique vous voyiez.

Ano-hito-tatsi-wa mi-masoŭ-to-iyé-domo, quoiqu'ils voient.

Passé.

Watakoŭsi-wa mi-masita-to-iyé-domo, quoique j'aie vu.

Anata-wa mi-masita-to-iyé-domo, quoique tu aies vu.

Ano-hito-tatsi-wa mi-masita-to-iyé-domo, quoiqu'il ait vu.

Watakoŭsi-domo-wa mi-masita-to-iyé-domo, quoique nous ayons vu.

Anata-g̃ata-wa mi-masita-to-iyé domo, quoique vous ayez vu.

Ano-hito-tatsi-wa mi-masita-to-iyé-domo, quoiqu'ils aient vu.

Futur (peu usité).

Watakoŭsi-wa mi-masyô-to-iyé-domo, quoique je doive voir.

Anata-wa mi-masyô-to-iyé-domo, quoique tu doives voir.

Ano-hito-wa mi-masyô-to-iyé-domo, quoiqu'il doive voir.

Watakoŭsi-domo-wa mi-masyô-to-iyé-domo, quoique nous devions voir.

Anata-g̃ata-wa mi-masyô-to-iyé-domo, quoique vous deviez voir.

Ano-hito-tatsi-wa mi-masyô-to-iyé-domo, quoiqu'ils doivent voir.

INFINITIF.

Présent (peu usité).

Mi-masoŭ-koto, voir (τὸ videre).

Passé (peu usité).

Mi-masita-koto, avoir vu (τὸ vidisse).

Futur (peu usité).

Mi-masyô-koto, devant voir.

GÉRONDIF.

Mi-masité, en voyant.

PARTICIPE.

Présent.

Mi-masoŭ....., qui se voit, que l'on voit.

Passé.

Mi-masita....., vu, que l'on a vu.

Futur (peu usité).

Mi-masyó ...., qui doit se voir, que l'on doit voir.

105. — La conjugaison négative a lieu suivant le même principe que la conjugaison affirmative, c'est-à-dire à l'aide du radical verbal invariable, suivi de l'auxiliaire négatif *masenoŭ*.

MINOU (radical MI) « ne pas voir. »

INDICATIF.

Présent.

Watakoŭsi-wa mi-masenoŭ, je ne vois pas.

Anata-wa mi-masenoŭ, tu ne vois pas.

Ano-hito-wa mi-masenoŭ, il ne voit pas.

Watakoŭsi-domo-wa mi-masenoŭ, nous ne voyons pas.

Anata-ḡata-wa mi-masenoŭ, vous ne voyez pas.

Ano-hito tatsi-wa mi-masenoŭ, ils ne voient pas.

Passé.

Watakoŭsi-wa mi-masénanda, je ne voyais pas.

Anata-wa mi-masénanda, tu ne voyais pas.

Ano-hito-wa mi-masénanda, il ne voyait pas.

Watakoŭsi-domo-wa mi-masénanda, nous ne voyions pas.

Anata-ḡata-wa mi-masénanda, vous ne voyiez pas.

Ano-hito-tatsi-wa mi-masénanda, ils ne voyaient pas.

Futur.

Watakoŭsi-wa mi-masoŭ-maï, je ne verrai pas.

Anata-wa mi-masoŭ-maï, tu ne verras pas.

Ano-hito-wa mi-masŏu-maï, il ne verra pas.

Watakŏusi-domo-wa mi-masŏu-maï, nous ne verrons pas.

Anata-g̃ata-wa mi-masŏu-maï, vous ne verrez pas.

Ano-hito-tatsi-wa mi-masŏu-maï, ils ne verront pas.

IMPÉRATIF.

O-mi-nasarou-na, ne voyez pas.

CONDITIONNEL.

Présent.

Watakŏusi-wa mi-masenŏu-naraba, si je ne vois pas.

Anata-wa mi-masenŏu-naraba, si tu ne vois pas.

Ano-hito-wa mi-masenŏu-naraba, s'il ne voit pas.

Watakŏusi-domo-wa mi-masenŏu-naraba, si nous ne voyons pas.

Anata-g̃ata-wa mi-masenŏu-naraba, si vous ne voyez pas.

Ano-hito-tatsi-wa mi-masenŏu-naraba, s'ils ne voient pas.

Passé.

Watakŏusi-wa mi-masénanda-naraba, si je n'avais pas vu.

Anata-wa mi-masénanda-naraba, si tu n'avais pas vu.

Ano-hito-wa mi-masénanda-naraba, s'il n'avait pas vu.

Watakŏusi-domo wa mi-masénanda-naraba, si nous n'avions pas vu.

Anata-g̃ata-wa mi-masénanda-naraba, si vous n'aviez pas vu.

Ano-hito-tatsi-wa mi-masénanda-naraba, s'ils n'avaient pas vu.

Futur (peu usité).

Watakŏusi-wa mi-masŏu-maï-naraba, si je ne dois pas voir.

Anata-wa mi-masŏu-maï-naraba, si tu ne dois pas voir.

Ano-hito-wa mi-masŏu-maï-naraba, s'il ne doit pas voir.

Watakŏusi-domo-wa mi-masŏu-maï-naraba, si nous ne devons pas voir.

Anata-g̃ata-wa mi-masŏu-maï-naraba, si vous ne devez pas voir.

Ano-hito-tatsi-wa mi-masoŭ-maï-naraba, s'ils ne doivent pas voir.

CONCESSIF.

Présent.

Watakoŭsi-wa mi-masenoŭ-to-iyé-domo, quoique je ne voies pas.

Anata-wa mi-masenoŭ-to-iyé-domo, quoique tu ne voies pas.

Ano-hito-wa mi-masenoŭ-to-iyé-domo, quoiqu'il ne voie pas.

Watakoŭsi-domo-wa mi-masenoŭ-to-iyé-domo, quoique nous ne voyions pas.

Anata-ɠata-wa mi-masenoŭ-to-iyé-domo, quoique vous ne voyiez pas.

Ano-hito-tatsi-wa mi-masenoŭ-to-iyé domo, quoiqu'ils ne voient pas.

Passé.

Watakoŭsi-wa mi-masénanda-to-iyé domo, quoique je n'aie pas vu.

Anata-wa mi-masénanda-to-iyé-domo, quoique tu n'aies pas vu.

Ano-hito-wa mi-masénanda-to-iyé-domo, quoiqu'il n'ait pas vu.

Watakoŭsi-domo-wa mi-masénanda-to-iyé-domo, quoique nous n'ayons pas vu.

Anata-ɠata-wa mi-masénanda-to iyé-domo, quoique vous n'ayez pas vu.

Ano-hito-tatsi-wa mi-masénanda-to-iyé-domo, quoiqu'ils n'aient pas vu.

Futur (peu usité).

Watakoŭsi-wa mi-masoŭ-maï-to-iyé-domo, quoique je ne doive pas voir.

Anata-wa mi-masoŭ-maï-to-iyé-domo, quoique tu ne doives pas voir.

Ano-hito-wa mi-masoŭ-maï-to-iyé-domo, quoiqu'il ne doive pas voir.

Watakoŭsi-domo-wa mi-masoŭ-maï-to-iyé-domo, quoique nous ne devions pas voir.

Anata-ğata-wa mi-masoŭ-maï-to-iyé-domo, quoique vous ne deviez pas voir.

Ano-hito-tatsi-wa mi-masoŭ-maï-to-iyé-domo, quoiqu'ils ne doivent pas voir.

INFINITIF.
Présent (peu usité).

Mi-masenoŭ-koto, ne pas voir (τὸ non videre).

Passé (peu usité).

Mi-masénanda-koto, n'avoir pas vu (τὸ non vidisse).

Futur (peu usité).

Mi-masoŭ-maï-koto, ne devant pas voir.

GÉRONDIF.

Mi-masénandé, en ne voyant pas.

PARTICIPE.
Présent.

Mi-masénoŭ...., qui ne se voit pas, que l'on ne voit pas.

Passé.

Mi-masénanda....., pas vu, que l'on n'a pas vu.

Futur (peu usité).

Mi-masoŭ-maï....., qui ne doit pas se voir, que l'on ne doit pas voir.

Du verbe passif.

106. — Le verbe passif se forme en changeant la voyelle finale *e* ou *i* du radical actif en *are*, et se conjugue avec l'auxiliaire *masi-masoŭ*, comme dans la voix active :

RADICAL ACTIF :	RADICAL PASSIF :
mi « voir ».	*miraré* « être vu ».
kaki « écrire ».	*kakaré* « être écrit ».
yomi « lire ».	*yomaré* « être lu ».
kiri « couper ».	*kiraré* « être coupé ».

MIRARÉROU (radical : MIRARÉ) « être vu ».

INDICATIF.

Présent.

Watakoŭsi-wa miraré-masoŭ, je suis vu.
Anata-wa miraré-masoŭ, tu es vu.
Ano-hito-wa miraré-masoŭ, il est vu.
Watakoŭsi-domo-wa miraré-masoŭ, nous sommes vus.
Anata-ḡata-wa miraré-masoŭ, vous êtes vus.
Ano-hito-tatsi-wa miraré-masoũ, ils sont vus.

Passé.

Watakoŭsi-wa miraré-masita, j'étais vu.
Anata-wa miraré-masita, tu étais vu.
Ano-hito-wa miraré-masita, il était vu.
Watakoŭsi-domo-wa miraré-masita, nous étions vus.
Anata-ḡata-wa miraré-masita, vous étiez vus.
Ano-hito-tatsi-wa miraré-masita, ils étaient vus.

Futur.

Watakoŭsi-wa miraré-masyó, je serai vu.
Anata-wa miraré-masyó, tu seras vu.
Ano-hito-wa miraré-masyó, il sera vu.
Watakoŭsi-domo-wa miraré-masyó, nous serons vus.
Anata-ḡata-wa miraré-masyó, vous serez vus.
Ano-hito-tatsi-wa miraré-masyó, ils seront vus.

IMPÉRATIF.

O-miraré-nasaï-masi, soyez vu ou soyez vus.

CONDITIONNEL.
Présent.

Watakoŭsi-wa miraré-masoŭ-naraba, si je suis vu.

Anata-wa miraré-masoŭ-naraba, si tu es vu.

Ano-hito-wa miraré-masoŭ-naraba, s'il est vu.

Watakoŭsi-domo-wa miraré-masoŭ-naraba, si nous sommes vus.

Anata-ğata-wa miraré-masoŭ-naraba, si vous êtes vus.

Ano-hito-tatsi-wa miraré-masoŭ-naraba, s'ils sont vus.

Passé.

Watakoŭsi-wa miraré-masita-naraba, si j'étais vu.

Anata-wa miraré-masita-naraba, si tu étais vu.

Ano-hito-wa miraré-masita-naraba, s'il était vu.

Watakoŭsi-domo-wa miraré-masita-naraba, si nous étions vus.

Anata-ğata-wa miraré-masita-naraba, si vous étiez vus.

Ano-hito-tatsi-wa miraré-masita-naraba, s'ils étaient vus.

Futur (peu usité).

Watakoŭsi-wa miraré-masyô-naraba, si je dois être vu.

Anata-wa miraré-masyô-naraba, si tu dois être vu.

Ano-hito-wa miraré-masyô-naraba, s'il doit être vu.

Watakoŭsi-domo-wa miraré-masyô-naraba, si nous devons être vus.

Anata-ğata-wa miraré-masyô-naraba, si vous devez être vus.

Ano-hito-tatsi-wa miraré-masyô-naraba, s'ils doivent être vus.

CONCESSIF.
Présent.

Watakoŭsi-wa miraré-masoŭ-to-iyé-domo, quoique je sois vu.

Anata-wa miraré-masoŭ-to-iyé-domo, quoique tu sois vu.

Ano-hito-wa miraré-masŏu-to-iyé-domo, quoiqu'il soit vu.

Watakŏusi-domo-wa miraré-masŏu-to-iyé-domo, quoique nous soyons vus.

Anata-ḡata-wa miraré-masŏu-to-iyé-domo, quoique vous soyez vus.

Ano-hito-tatsi-wa miraré-masŏu-to-iyé-domo, quoiqu'ils soient vus.

Passé.

Watakŏusi-wa miraré-masita-to-iyé-domo, quoique j'aie été vu.

Anata-wa miraré-masita-to-iyé-domo, quoique tu aies été vu.

Ano-hito-wa miraré-masita-to-iyé-domo, quoiqu'il ait été vu.

Watakŏusi-domo-wa miraré-masita-to-iyé-domo, quoique nous eussions été vus.

Anata-ḡata-wa miraré-masita-to-iyé-domo, quoique vous eussiez été vus.

Ano-hito-tatsi-wa miraré-masita-to-iyé-domo, quoiqu'ils aient été vus.

Futur (peu usité).

Watakŏusi-wa miraré-masyô-to-iyé-domo, quoique je doive être vu.

Anata-wa miraré-masyô-to-iyé-domo, quoique tu doives être vu.

Ano-hito-wa miraré-masyô-to-iyé-domo, quoiqu'il doive être vu.

Watakŏusi-domo-wa miraré-masyô-to-iyé-domo, quoique nous devions être vus.

Anata-ḡata-wa miraré-masyô-to-iyé-domo, quoique vous deviez être vus.

Ano-hito-tatsi-wa miraré-masyô-to-iyé-domo, quoiqu'ils doivent être vus.

INFINITIF.

Présent (peu usité).

Miraré-masoŭ-koto, être vu.

Passé (peu usité).

Miraré-masita-koto, avoir été vu.

Futur (peu usité).

Miraré-masyô-koto, devant être vu.

GÉRONDIF.

Miraré-masité, en étant vu.

PARTICIPE.

Présent.

Miraré-masoŭ..., étant vu, qui est vu.

Passé.

Miraré-masita..., ayant été vu, qui a été vu.

Futur (peu usité).

Miraré-masyô..., qui doit être vu.

107. — La conjugaison passive négative ne diffère de la conjugaison active négative que par l'emploi du radical terminé en *aré* au lieu du radical en *e* ou *i*. Nous en donnons néanmoins le paradigme à titre d'exercice :

MIRARÉNOU (radical : MIRARÉ) « ne pas être vu ».

INDICATIF
Présent.

Watakoŭsi-wa miraré-masenoŭ, je ne suis pas vu.
Anata-wa miraré-masenoŭ, tu n'es pas vu.
Ano-hito-wa miraré-masenoŭ, il n'est pas vu.

Watakoŭsi-domo-wa miraré-masenoŭ, nous ne sommes pas vus.

Anata-g̃ata-wa miraré-masenoŭ, vous n'êtes pas vus.

Ano-hito-tatsi-wa miraré-masenoŭ, ils ne sont pas vus.

Passé.

Watakoŭsi-wa miraré-masénanda, je n'étais pas vu.

Anata-wa miraré-masénanda, tu n'étais pas vu.

Ano-hito-wa miraré-masénanda, il n'était pas vu.

Watakoŭsi-domo-wa miraré-masénanda, nous n'étions pas vus.

Anata-g̃ata-wa miraré-masénanda, vous n'étiez pas vus.

Ano-hito-tatsi-wa miraré-masénanda, ils n'étaient pas vus.

Futur.

Watakoŭsi-wa miraré-masoŭ-maï, je ne serai pas vu.

Anata-wa miraré-masoŭ-maï, tu ne seras pas vu.

Ano-hito-wa miraré-masoŭ-maï, il ne sera pas vu.

Watakoŭsi-domo-wa miraré-masoŭ-maï, nous ne serons pas vus.

Anata-g̃ata-wa miraré-masoŭ-maï, vous ne serez pas vus.

Ano-hito-tatsi-wa miraré-masoŭ-maï, ils ne seront pas vus.

IMPÉRATIF.

Miraré-nasarou-na, ne sois pas vu ou ne soyez pas vus.

CONDITIONNEL.

Présent.

Watakoŭsi-wa miraré-masenoŭ-naraba, si je ne suis pas vu.

Anata-wa miraré-masenoŭ-naraba, si tu n'es pas vu.

Ano-hito-wa miraré-masenoŭ-naraba, s'il n'est pas vu.

Watakoŭsi-domo-wa miraré-masenoŭ-naraba, si nous ne sommes pas vus.

Anata-g̃ata-wa miraré-masenoŭ-naraba, si vous n'êtes pas vus.

Ano-hito-tatsi-wa miraré-masenoŭ-naraba, s'ils ne sont pas vus.

Passé.

Watakoŭsi-wa miraré-masénanda-naraba, si je n'étais
pas vu.

Anata-wa miraré-masénanda-naraba, si tu n'étais pas vu.

Ano-hito-wa miraré-masénanda-naraba, s'il n'était pas vu.

Watakoŭsi-domo-wa miraré-masénanda-naraba, si nous
n'étions pas vus.

Anata-ꞡata-wa miraré-masénanda-naraba, si vous n'étiez
pas vus.

Ano-hito-tatsi-wa miraré-masénanda-naraba, s'ils n'étaient
pas vus.

Futur (peu usité).

Watakoŭsi-wa miraré-masoŭ-maï-naraba, si je ne dois
pas être vu.

Anata-wa miraré-masoŭ-maï-naraba, si tu ne dois pas
être vu.

Ano-hito-wa miraré-masoŭ-maï-naraba, s'il ne doit pas
être vu.

Watakoŭsi-domo-wa miraré-masoŭ-maï-naraba, si nous ne
devons pas être vus.

Anata-ꞡata-wa miraré-masoŭ·maï-naraba, si vous ne devez pas être vus.

Ano-hito-tatsi-wa miraré-masoŭ-maï-naraba, s'ils ne doivent pas être vus.

CONCESSIF.

Présent.

Watakoŭsi-wa miraré-masenoŭ-to-iyé-domo, quoique je ne
sois pas vu.

Anata wa miraré-masenoŭ-to-iyé-domo, quoique tu ne
sois pas vu.

Ano-hito-wa miraré-masenoŭ-to-iyé-domo, quoiqu'il ne soit pas vu.

Watakoŭsi-domo-wa miraré-masenoŭ-to-iyé-domo, quoique nous ne soyons pas vus.

Anata-ḡata-wa miraré-masenoŭ-to-iyé-domo, quoique vous ne soyez pas vus.

Ano-hito-tatsi-wa miraré-masenoŭ-to-iyé-domo, quoiqu'ils ne soient pas vus.

Passé.

Watakoŭsi-wa miraré-masénanda-to-iyé-domo, quoique je n'aie pas été vu.

Anata-wa miraré-masénanda-to-iyé-domo, quoique tu n'aies pas été vu.

Ano-hito-wa miraré-masénanda-to-iyé-domo, quoiqu'il n'ait pas été vu.

Watakoŭsi-domo-wa miraré-masénanda-to-iyé-domo, quoique nous n'ayons pas été vus.

Anata-ḡata-wa miraré-masénanda-to-iyé-domo, quoique vous n'ayez pas été vus.

Ano-hito-tatsi-wa miraré-masénanda-to-iyé-domo, quoiqu'ils n'aient pas été vus.

Futur (peu usité).

Watakoŭsi-wa miraré-masoŭ-maï-to-iyé-domo, quoique je ne doive pas être vu.

Anata-wa miraré-masoŭ-maï-to-iyé-domo, quoique tu ne doives pas être vu.

Ano-hito-wa miraré-masoŭ-maï-to-iyé-domo, quoiqu'il ne doive pas être vu.

Watakoŭsi-domo-wa miraré-masoŭ-maï-to-iyé-domo, quoique nous ne devions pas être vus.

Anata-ḡata-wa miraré-masoŭ-maï-to-iyé-domo, quoique vous ne deviez pas être vus.   •

Ano-hito-tatsi—wa miraré-masoŭ-maï-to-iyé-domo, quoiqu'ils ne doivent pas être vus.

INFINITIF.

Présent (peu usité).

Miraré-masenoŭ-koto, ne pas être vu.

Passé (peu usité).

Miraré-masénanda–koto, n'avoir pas été vu.

Futur (peu usité).

Miraré-masoŭ-maï-koto, ne devoir pas être vu.

GÉRONDIF.

Miraré-masénandé, en n'étant pas vu.

PARTICIPE.

Présent.

Miraré-masenoŭ..... qui ne s'est pas vu.

Passé.

Miraré-masénanda..... qui n'a pas été vu.

Futur (peu usité).

Miraré-masoŭ-maï..... qui ne doit pas être vu, qui ne sera pas vu.

DU VERBE ADJECTIF.

107. — Les verbes adjectifs en japonais, sont formés à l'aide du verbe auxiliaire *si-sourou*

« faire » et d'un mot invariable d'origine chinoise ; ainsi avec le substantif *aï* « amour », on fait le verbe *aï-sourou* « aimer » ; avec l'adjectif *ben-kyô* « actif, industrieux », on fait le verbe *ben-kyô-sourou* « travailler ».

AÏ-SOUROU (faire l'action d'aimer) « aimer ».

INDICATIF.

Présent.

Watakoŭsi-wa aï-si-masoŭ, j'aime.
Anata-wa aï-si-masoŭ, tu aimes.
Ano-hito-wa aï-si-masoŭ, il aime.
Watakoŭsi-domo-wa aï-si-masoŭ, nous aimons.
Anata-g̃ata-wa aï-si-masoŭ, vous aimez.
Ano-hito-tatsi-wa aï-si-masoŭ, ils aiment.

Passé.

Watakoŭsi-wa aï-si-masita, j'aimais.
Anata-wa aï-si-masita, tu aimais.
Ano-hito-wa aï-si-masita, il aimait.
Watakoŭsi-domo-wa aï-si-masita, nous aimions.
Anata-g̃ata-wa aï-si-masita, vous aimiez.
Ano-hito-tatsi-wa aï-si-masita, ils aimaient.

Futur.

Watakoŭsi-wa aï-si-masyô, j'aimerai.
Anata-wa aï-si-masyô, tu aimeras.
Ano-hito-wa aï-si-masyô, il aimera.
Watakoŭsi-domo-wa aï-si-masyô, nous aimerons.
Anata-g̃ata-wa aï-si-masyô, vous aimerez.
Ano-hito-tatsi-wa aï-si-masyô, ils aimeront.

IMPÉRATIF.

Aï-sé, aimez.

CONDITIONNEL.

Présent.

Watakoŭsi-wa aï-si-masoŭ-naraba, si j'aime.
Anata-wa aï-si-masoŭ-naraba, si tu aimes.
Ano-hito-wa aï-si-masoŭ-naraba, s'il aime.
Watakoŭsi-domo-wa aï-si-masoŭ-naraba, si nous aimons.
Anata-ḡata-wa aï-si-masoŭ-naraba, si vous aimez.
Ano-hito-tatsi-wa aï-si-masoŭ-naraba, s'ils aiment.

Passé.

Watakoŭsi-wa aï-si-masita-naraba, si j'aimais.
Anata-wa aï-si-masita-naraba, si tu aimais.
Ano-hito-wa aï-si-masita-naraba, s'il aimait.
Watakoŭsi-domo-wa aï-si-masita-naraba, si nous aimions.
Anata-ḡata-wa aï-si-masita-naraba, si vous aimiez.
Ano-hito-tatsi-wa aï-si-masita-naraba, s'ils aimaient.

Futur (peu usité).

Watakoŭsi-wa aï-si-masyô-naraba, si je dois aimer.
Anata-wa aï-si-masyô-naraba, si tu dois aimer.
Ano-hito-wa aï-si-masyô-naraba, s'il doit aimer.
Watakoŭsi-domo-wa aï-si-masyô-naraba, si nous devons aimer.
Anata-ḡata-wa aï-si-masyô naraba, si vous devez aimer.
Ano-hito-tatsi-wa aï-si-masyô-naraba, s'ils doivent aimer.

CONCESSIF.

Présent.

Watakoŭsi-wa aï-si-masoŭ-to-iyé-domo, quoique j'aime.

Anata-wa aï-si-masoŭ-to-iyé-domo, quoique tu aimes.

Ano-hito-wa aï-si-masoŭ to-iyé-domo, quoiqu'il aime.

Watakoŭsi-domo-wa aï-si-masoŭ-to-iyé-domo, quoique nous aimions.

Anata-ğata-wa aï-si-masoŭ-to-iyé-domo, quoique vous aimiez.

Ano-hito-tatsi-wa aï-si-masoŭ-to-iyé-domo, quoiqu'ils aiment.

Passé.

Watakoŭsi-wa aï-si-masita-to-iyé-domo, quoique j'aie aimé.

Anata-wa aï-si-masita-to-iyé-domo, quoique tu aies aimé.

Ano-hito-wa aï-si-masita-to-iyé-domo, quoiqu'il ait aimé.

Watakoŭsi-domo-wa aï-si-masita-to-iyé-domo, quoique nous ayons aimé.

Anata-ğata-wa aï-si-masita-to-iyé-domo, quoique vous ayez aimé.

Ano-hito-tatsi-wa aï-si-masita to-iyé-domo, quoiqu'ils aient aimé.

Futur (peu usité).

Watakoŭsi-wa aï-si-masyô-to-iyé-domo, quoique je doive aimer.

Anata-wa aï-si-masyô-to-iyé-domo, quoique tu doives aimer.

Ano-hito-wa aï-si-masyô-to-iyé-domo, quoiqu'il doive aimer.

Watakoŭsi-domo-wa aï-si-masyô-to-iyé-domo, quoique nous devions aimer.

Anata-ğata-wa aï-si-masyô-to-iyé-domo, quoique vous deviez aimer,

Ano-hito-tatsi-wa aï-si-masyô-to-iyé-domo, quoiqu'ils doivent aimer.

INFINITIF.

Présent.

Aï-si-masoŭ-koto, aimer (τὸ amare).

Passé (peu usité).

Aï-si-masita-koto, avoir aimer (τὸ amavisse).

Futur (peu usité).

Aï-si-masyô-koto, devoir aimer (τὸ amaturum esse).

GÉRONDIF.

Aï-si-masité, en aimant.

PARTICIPE.

Présent.

Aï-si-masoŭ.... qui aime, que l'on aime.

Passé.

Aï-si-masita..... aimé, que l'on a aimé.

Futur (peu usité).

Aï-si-masyô..... devant être aimé, que l'on doit aimer.

108. — Le verbe adjectif négatif se conjugue comme le verbe adjectif affirmatif, en employant l'auxiliaire *masenoŭ,* au lieu de l'auxiliaire *masoŭ.*

AÏ-SENOU « ne pas aimer. »

INDICATIF.

Présent.

Watakoŭsi-wa aï-si-masenoŭ, je n'aime pas.

Anata-wa aï-si-masenoŭ, tu n'aimes pas.

Ano-hito-wa aï-si-masenoŭ, il n'aime pas.

Watakoŭsi-domo-wa aï-si-masenoŭ, nous n'aimons pas.
Anata-ğata-wa aï-si-masenoŭ, vous n'aimez pas.
Ano-hito-tatsi-wa aï-si-masenoŭ, ils n'aiment pas.

Passé.

Watakoŭsi-wa aï-si-masénanda, je n'aimais pas.
Anata-wa aï-si-masénanda, tu n'aimais pas.
Ano-hito-wa aï-si-masénanda, il n'aimait pas.
Watakoŭsi-domo-wa aï-si-masénanda, nous n'aimions pas.
Anata-ğata-wa aï-si-masénanda, vous n'aimiez pas.
Ano-hito-tatsi-wa aï-si-masénanda, ils n'aimaient pas.

Futur.

Watakoŭsi-wa aï-si-masoŭ-maï, je n'aimerai pas.
Anata-wa aï-si-masoŭ-maï, tu n'aimeras pas.
Ano-hito-wa aï si-masoŭ-maï, il n'aimera pas.
Watakoŭsi-domo-wa aï-si-masoŭ-maï, nous n'aimerons pas.
Anata-ğata-wa aï-si-masoŭ-maï, vous n'aimerez pas.
Ano-hito-tatsi-wa aï-si-masoŭ-maï, ils n'aimeront pas.

IMPÉRATIF.

Aï-sou-na
O-aï-si-nasarou na } n'aime pas ou n'aimez pas.

CONDITIONNEL.

Présent.

Watakoŭsi-wa aï-si-masoŭ-naraba, si je n'aime pas.
Anata-wa aï-si-masoŭ-naraba, si tu n'aimes pas.
Ano-hito-wa aï si-masoŭ-naraba, s'il n'aime pas.
Watakoŭsi-domo-wa aï-si-masoŭ-naraba, si nous n'aimions pas.
Anata-ğata-wa aï-si-masoŭ-naraba, si vous n'aimez pas.
Ano-hito-tatsi-wa aï-si-masoŭ-naraba, s'ils n'aiment pas.

Passé.

Watakoŭsi-wa aï-si-masénandu-naraba, si je n'aimais pas.

Anata-wa aï-si-masénanda-naraba, si tu n'aimais pas.

Ano-hito-wa aï-si-masénanda-naraba, s'il n'aimait pas.

Watakoŭsi-domo-wa aï-si-masénanda-naraba, si nous n'aimions pas.

Anata-ğata-wa aï-si-masénanda-naraba, si vous n'aimiez pas.

Ano-hito-tatsi-wa aï-si-masénanda-naraba, s'ils n'aimaient pas.

Futur (peu usité).

Watakoŭsi-wa aï-si-masoŭ-maï-naraba, si je ne dois pas aimer.

Anata-wa aï-si-masoŭ-maï-naraba, si tu ne dois pas aimer.

Ano-hito-wa aï-si-masoŭ-maï-naraba, s'il ne doit pas aimer.

Watakoŭsi-domo-wa aï-si-masoŭ-maï-naraba, si nous ne devons pas aimer.

Anata-ğata-wa aï-si-masoŭ-maï-naraba, si vous ne devez pas aimer.

Ano-hito-tatsi-wa aï-si-masoŭ-maï-naraba, s'ils ne doivent pas aimer.

CONCESSIF.

Présent.

Watakoŭsi-wa aï-si-masenoŭ-to-iyé-domo, quoique je n'aime pas.

Anata-wa aï-si-masenoŭ-to-iyé-domo, quoique tu n'aimes pas.

Ano-hito-wa aï-si-masenoŭ-to-iyé-domo, quoiqu'il n'aime pas.

Watakoŭsi-domo-wa aï-si-masenoŭ-to-iyé-domo, quoique nous n'aimions pas.

Anata-ğata-wa aï-si-masenoŭ-to-iyé-domo, quoique vous n'aimiez pas.

Ano-hito-tatsi-wa aï-si-masenoŭ-to-iyé-domo, quoiqu'ils n'aiment pas.

Passé.

Watakoŭsi-wa aï-si-masénanda-to-iyé-domo, quoique je n'aie pas aimé.

Anata-wa aï-si-masénanda-to-iyé-domo, quoique tu n'aies pas aimé.

Ano-hito-wa aï-si-masénanda-to-iyé-domo, quoiqu'il n'ait pas aimé.

Watakoŭsi-domo-wa aï-si-masénanda-to-iyé-domo, quoique nous n'ayons pas aimé.

Anata-ğata-wa aï-si-masénanda-to-iyé-domo, quoique vous n'ayez pas aimé.

Ano-hito-tatsi-wa aï-si masénanda-to-iyé-domo, quoiqu'ils n'aient pas aimé.

Futur (peu usité).

Watakoŭsi-wa aï-si-masoŭ-maï-to-iyé-domo, quoique je ne doives pas aimer.

Anata-wa aï-si-masoŭ-maï-to-iyé-domo, quoique tu ne doives pas aimer.

Ano-hito-wa aï-si-masoŭ-maï-to-iyé-domo, quoiqu'il ne doive pas aimer.

Watakoŭsi-domo-wa aï-si-masoŭ-maï-to-iyé-domo, quoique nous ne devions pas aimer.

Anata-ğata-wa aï-si-masoŭ-maï-to-iyé-domo, quoique vous ne deviez pas aimer.

Ano-hito-tatsi-wa aï-si-masoŭ-maï-to-iyé-domo, quoiqu'ils ne doivent pas aimer.

INFINITIF.

Présent (peu usité).

Aï-si masenoŭ-koto, ne pas aimer.

Passé (peu usité).

Aï-si masénanda-koto, n'avoir pas aimé.

Futur (peu usité).

Aï-si-masoŭ-maï-koto, ne devant pas aimer.

GÉRONDIF.

Aï-si-masénandé, en n'aimant pas.

PARTICIPE.

Présent.

Aï-si-masénoŭ.. ...., qui n'aime pas, qu'on n'aime pas.

Passé.

Aï-si-masénanda....., pas aimé, qu'on n'a pas aimé.

Futur (peu usité).

Aï-si-masoŭ-maï...., qui n'aimera pas, qu'on n'aimera pas.

DU VERBE CAUSATIF.

109. — Les verbes causatifs, qui expriment l'idée de « faire faire une action », se terminent en *se* et se conjuguent, comme le verbe actif, à l'aide de l'auxiliaire *masi-masoŭ* :

KAKASEROU « faire écrire ».

INDICATIF.

Présent.

Watakoŭsi-wa kakasé-masoŭ, je fais écrire.
Anata-wa kakasé-masoŭ, tu fais écrire.
Ano-hito-wa kakasé-masoŭ, il fait écrire.

Watakoŭsi domo wa kakasé-masoŭ, nous faisons écrire.
Anata-ɣata-wa kakasé-masoŭ, vous faites écrire.
Ano hito-tatsi-wa kakasé-masoŭ, ils font écrire.

Passé.

Watakoŭsi-wa kakasé-masita, je faisais écrire.
Anata-wa kakasé-masita, tu faisais écrire.
Ano-hito-wa kakasé-masita, il faisait écrire.
Watakoŭsi-domo wa kakasé-masita, nous faisions écrire.
Anata-ɣata-wa kakasé-masita, vous faisiez écrire.
Ano-hito-tatsi-wa kakasé-masita, ils faisaient écrire.

Futur.

Watakoŭsi-wa kakasé-masyô, je ferai écrire.
Anata-wa kakasé-masyô, tu feras écrire.
Ano hito-wa kakasé-masyô, il fera écrire.
Watakoŭsi-domo-wa kakasé-masyô, nous ferons écrire.
Anata-ɣata-wa kakasé-masyô, vous ferez écrire.
Ano-hito-tatsi-wa kakasé-masyô, ils feront écrire.

IMPÉRATIF.

Kakasé-ro, fais écrire.
O-kakasé-nasaï-masi, faites écrire.

CONDITIONNEL.

Présent.

Watakoŭsi-wa kakasé-masoŭ-naraba, si je fais écrire.
Anata-wa kakasé-masoŭ-naraba, si tu fais écrire.
Ano-hito-wa kakasé-masoŭ-naraba, s'il fait écrire.
Watakoŭsi-domo-wa kakasé-masoŭ-naraba, si nous faisons écrire.
Anata-ɣata-wa kakasé-masoŭ-naraba, si vous faites écrire.
Ano-hito-tatsi-wa kakasé-masoŭ-naraba, s'ils font écrire.

Passé.

Watakoŭsi-wa kakasé-masita-naraba, si j'avais fait écrire.

Anata-wa kakasé-masita-naraba, si tu avais fait écrire.

Ano-hito-wa kakasé-masita-naraba, s'il avait fait écrire.

Watakoŭsi-domo-wa kakasé-masita-naraba, si nous avions fait écrire.

Anata-ğata-wa kakasé-masita-naraba, si vous aviez fait écrire.

Ano-hito-tatsi-wa kakasé-masita-naraba, s'ils avaient fait écrire.

Futur (peu usité).

Watakoŭsi-wa kakasé-masyô-naraba, si je dois faire écrire.

Anata-wa kakasé-masyô-naraba, si tu dois faire écrire.

Ano-hito-wa kakasé-masyô-naraba, s'il doit faire écrire.

Watakoŭsi-domo-wa kakasé-masyô-naraba, si nous devons faire écrire.

Anata-ğata-wa kakasé-masyô-naraba, si vóus devez faire écrire.

Ano-hito tatsi-wa kakasé-masyô-naraba, s'ils doivent faire écrire.

CONCESSIF.

Présent.

Watakoŭsi-wa kakasé-masoŭ-to-iyé-domo, quoique je fasse écrire.

Anata-wa kakasé-masoŭ-to-iyé-domo, quoique tu fasses écrire.

Ano-hito-wa kakasé-masoŭ-to-iyé-domo, quoiqu'il fasse écrire.

Watakoŭsi-domo-wa kakasé-masoŭ-to-iyé-domo, quoique nous fassions écrire.

Anata-ğata-wa kakasé-masoŭ-to-iyé-domo, quoique vous fassiez écrire.

Ano-hito-tatsi-wa kakasé-masŏŭ-to-iyé-domo, quoiqu'ils fassent écrire.

Passé.

Watakŏŭsi-wa kakasé-masita-to-iyé-domo, quoique j'aie fait écrire.

Anata-wa kakasé-masita-to-iyé-domo, quoique tu aies fait écrire.

Ano-hito-wa kakasé-masita-to-iyé-domo, quoiqu'il ait fait écrire.

Watakŏŭsi-domo-wa kakasé-masita-to-iyé-domo, quoique nous ayons fait écrire.

Anata-ğata-wa kakasé-masita-to-iyé-domo, quoique vous ayez fait écrire.

Ano-hito-tatsi-wa kakasé-masita-to-iyé-domo, quoiqu'ils aient fait écrire.

Futur (peu usité).

Watakŏŭsi-wa kakasé-masyô-to-iyé-domo, quoique je doive faire écrire.

Anata-wa kakasé-masyô-to-iyé-domo, quoique tu doives faire écrire.

Ano-hito wa kakasé-masyô-to-iyé-domo, quoiqu'il doive faire écrire.

Watakŏŭsi-domo-wa kakasé-masyô-to-iyé-domo, quoique nous devions faire écrire.

Anata-ğata-wa kakasé-masyô-to-iyé-domo, quoique vous deviez faire écrire.

Ano-hito-tatsi-wa kakasé-masyô-to-iyé-domo, quoiqu'ils doivent faire écrire.

INFINITIF.
Présent.

Kakasé-masŏŭ-koto, faire écrire.

Passé.

Kakasé-masita-koto, avoir fait écrire.

Futur.

Kakasé-masyô-koto, devoir faire écrire.

GÉRONDIF.

Kakasé-masité, en faisant écrire.

PARTICIPE.

Présent.

Kakasé-masoŭ....., qui fait écrire, que l'on fait écrire.

Passé.

Kakasé-masita....., que l'on a fait écrire.

Futur (peu usité).

Kakasé-masyô....., que l'on doit faire écrire.

110. — Les verbes causatifs forment leur conjugaison négative, comme les verbes actifs c'est-à-dire en remplaçant l'auxiliaire *masoŭ* par l'auxiliaire négatif *masenoŭ* :

KAKASÉNOU « ne pas faire écrire ».

INDICATIF.
Présent.

Watakoŭsi-wa kakasé-masenoŭ, je ne fais pas écrire.

Passé.

Watakoŭsi-wa kakasé-masénanda, je ne faisais pas écrire.

Futur.

Watakoŭsi-wa kakasé-masoŭ-maï, je ne ferai pas écrire.

IMPÉRATIF.

Kakasérou-na, ne fais pas écrire.

O-kakasé-nasarou-na, ne faites pas écrire.

CONDITIONNEL.

Présent.

Watakoŭsi-wa kakasé-masenoŭ-naraba, si je ne fais pas écrire.

Passé.

Watakoŭsi-wa kakasé-masénanda-naraba, si je n'avais pas fait écrire.

Futur (peu usité).

Watakoŭsi-wa kakasé-masoŭ-maï-naraba, si je ne dois pas faire écrire.

CONCESSIF.

Présent.

Watakoŭsi-wa kakasé-masenoŭ-to-iyé-domo, quoique je ne fasse pas écrire.

Passé.

Watakoŭsi-wa kakasé-masénanda-to-iyé-domo, quoique je n'aie pas fait écrire.

Futur (peu usité).

Watakoŭsi-wa kakasé-masoŭ-maï-to-iyé-domo, quoique je ne doive pas faire écrire.

INFINITIF.

Présent.

Kakasé-masenoŭ-koto, ne pas faire écrire.

Passé.

Kakasé-masénanda-koto, n'avoir pas fait écrire.

Futur.

Kakasé-masoŭ-maï-koto, ne devoir pas faire écrire.

GÉRONDIF.

Kakasé-masénandé, en n'écrivant pas.

PARTICIPE.
Présent.

Kakasé-masenoŭ....., qui ne fait pas écrire, que l'on ne fait
pas écrire.

Passé.

Kakasé-masénanda....., que l'on n'a pas fait écrire.

Futur (peu usité).

Kakasé-masoŭ-maï....., que l'on ne doit pas faire écrire.

DU VERBE OPTATIF.

111. — Les verbes optatifs, qui expriment le
« désir de faire une chose », se conjuguent à l'aide
de l'auxiliaire *taï-tô* placé à la suite du radical
verbal :

NOMI–TAÏ « désirer boire ».

INDICATIF.
Présent.

Watakoŭsi-wa nomi-tô-gozaï-masoŭ, je désire boire.

Passé.

Anata-wa nomi-tô-gozaï-masita, tu désirais boire.

Futur.

Ano-hito-wa nomi-tô-gozaï-masyô, il désirera boire.

IMPÉRATIF (manque).

CONDITIONNEL.
Présent.

Watakoŭsi-domo-wa nomi-tô-gozaï-masoŭ-naraba, si nous désirons boire.

Passé.

Anata-ğata-wa nomi-to-gozaï-masoŭ-naraba, si vous aviez désiré boire.

Futur (peu usité).

Ano-hito-tatsi-wa nomi-tô-gozaï-masyô-naraba, s'ils doivent avoir envie de boire.

CONCESSIF.
Présent.

Watakoŭsi-wa nomi-tô-gozaï-masoŭ-to-iyé-domo, quoique je désire boire.

Passé.

Anata-wa nomi-tô-gozaï-masita-to-iyé-domo, quoique tu aies désiré boire.

Futur inusité.

INFINITIF.
Présent (peu usité).

Nomi-tô-gozaï-masoŭ-koto, désirer boire.

Passé (peu usité).

Nomi-tô-gozaï-masita-koto, ayant désiré boire.

Futur (inusité).

GÉRONDIF.

Nomi-tô-gozaï-masité, en désirant boire.

PARTICIPE.
Présent.

Nomi-tô-gozaï-masoŭ....., qui désire boire.

Passé.

Nomi-tô-gozaï-masita....., qui a désiré boire.

Futur (peu usité).

Nomi-tô-gozaï-masyô..... qui désirera boire.

112. — Les verbes optatifs négatifs se conjuguent comme les verbes affirmatifs, avec cette seule différence qu'on fait usage de l'auxiliaire négatif *masenoŭ* au lieu de l'auxiliaire affirmatif *masoŭ*.

DU VERBE PRONOMINAL.

113. — Il n'existe point, à proprement parler, de conjugaison spéciale pour les verbes pronominaux, lesquels se forment à l'aide de pronoms réfléchis (§ 79-85), ou se rendent au moyen de verbes particuliers qui ont par eux-mêmes un sens réfléchi. Ainsi l'on dira :

ACTIF.	PRONOMINAL.
Korosi-masoŭ, je tue.	*Zi-ɡaï-si-masoŭ*, je me tue (litt. « je suicide »).
Kisé-masoŭ, j'habille.	*Ki-masoŭ*, je m'habille.

La conjugaison de ces verbes est la même que celle des verbes actifs.

DU VERBE IMPERSONNEL.

114. — Les Japonais ne possèdent pas de verbes particuliers pour exprimer les actions de l'atmosphère, telles que « pleuvoir, neiger, tonner », etc.

Pour rendre ces verbes, ils font usage de mots composés de la manière suivante :

Amé-g̃a fourou ou *amé-g̃a fouri-masoŭ*, il pleut (litt. « la pluie tombe. »)

Yoŭki-g̃a fourou ou *yoŭki-g̃a fouri-masoŭ*, il neige (litt. « la neige tombe »).

Araré-g̃a fourou ou *araré-g̃a fouri-masoŭ*, il grésille (litt. « le grésil tombe »).

Hyô-g̃a fourou ou *hyô-g̃a fouri-masoŭ*, il grêle (litt. « la grêle tombe. »)

Kazé-g̃a foukou ou *kazé-g̃a fouki-masoŭ*, il vente (litt. « le vent souffle. »)

Kaminari-g̃a narou ou *kaminari-g̃a nari-masoŭ*, il tonne (litt. « le tonnerre sonne ».)

Voici, à titre d'exemple, un paradigme de la conjugaison de ces verbes :

AMÉ-GA FOUROU, il pleut.

INDICATIF
Présent.

Amé-g̃a fouri-masoŭ, il pleut.

Passé.

Amé-g̃a fouri-masita, il pleuvait.

Futur.

Amé-g̃a fouri-masyô, il pleuvra.

CONDITIONNEL
Présent.

Amé-g̃a fouri-masoŭ-naraba, s'il pleut.

II. — GRAMM. VULG.   10

Passé.

Amé-ǧa fouri-masita-naraba, s'il pleuvait.

Futur.

Amé-ǧa fouri-masyô-naraba, s'il doit pleuvoir.

CONCESSIF
Présent.

Amé-ǧa fouri-masoŭ-to-iyé-domo, quoiqu'il pleuve.

Passé.

Amé-ǧa fouri-masita-to-iyé-domo, quoiqu'il ait plu.

Futur.

Amé-ǧa fouri-masyô-to-iyé-domo, quoiqu'il doive pleuvoir.

INFINITIF
Présent.

Amé-ǧa fouri-masoŭ-koto, pleuvoir.

Passé.

Amé-ǧa fouri-masita-koto, avoir plu.

Futur (peu usité).

Amé-ǧa fouri-masyô-koto, devoir pleuvoir.

GÉRONDIF.

Amé-ǧa fouri-masité, en pleuvant (la pluie en tombant).

115. — Les mêmes verbes peuvent être conjugués négativement, en remplaçant l'auxiliaire affirmatif *masoŭ* par l'auxiliaire négatif *masenoŭ* :

Amé-ǧa fouri-masoŭ, il pleut.

Amé-ǧa fouri-masenoŭ, il ne pleut pas.

Yoŭki-ǧa fouri-masita, il neigeait.

Yoŭki-ǧa fouri-masénanda, il ne neigeait pas.

Hyô-ǧa fouri-masyô, il grêlera.

Hyô-ǧa fouri-masoŭ-maĭ, il ne grêlera pas.

Et ainsi des autres.

DES VERBES COMPOSÉS.

116. — Un grand nombre de verbes japonais sont composés de deux racines verbales dont la première demeure absolument invariable, tandis que la seconde subit les modifications exigées par les règles de la conjugaison ; ex. :

Hiki-awasérou « présenter quelqu'un », de *ikou* « entraîner » et *awasérou* « unir ».—*Motsi-kitarou* « apporter », de *motsou* « prendre » et *kitarou* « venir ».

Dans le langage de courtoisie, l'auxiliaire *masoŭ* qui se joint à ces verbes, est seul l'objet des désinences caractéristiques, des voix, des modes et des temps, de sorte qu'on se trouve en présence de verbes composés de trois éléments verbaux, dont les deux premiers restent absolument invariables.

DES VERBES HONORIFIQUES.

117. — Les Japonais de toutes les classes font un fréquent usage, dans le style de la conversation, comme dans le style des livres et le style épistolaire, de locutions honorifiques qui varient suivant la personne qui parle, à qui l'on parle, ou de qui l'on parle. L'emploi de ces locutions est tellement entré dans les habitudes de ces insulaires, que celui qui négligerait de s'en servir passerait aux yeux de tous pour un personnage grossier et mal élevé.

118. — Partant de ce principe, celui qui parle

emploie toujours avec soin, même en s'adressant à
des égaux, des expressions qui indiquent la supériorité de son interlocuteur et des expressions d'humilité pour se désigner lui-même.

119. — L'emploi du mot *o* « impérial » et son
équivalent *go* (voy. §§ 27 et 44), se placent, de la
sorte, devant les verbes relatifs à la personne à qui
l'on parle:

O-soŭwari-nasaï-masi, daignez-vous asseoir.

Yokou o-idé-nasaï-masita, vous êtes le bienvenu.

*Kimi-wa kono zi-biki-wo nani-kodo-dé o-kaï-nasaï-masita
ka?* Combien votre seigneurie a-t-elle daigné acheter ce dictionnaire?

Anata-wa kono hána-wo o-nozomi-nasaï-masoŭ-ka? Daignez-
vous désirer cette fleur?

120. — On fait également usage de la forme passive de certains verbes de préférence à la forme
active, afin d'avoir l'air de croire que la personne à
qui l'on parle n'a pu s'abaisser jusqu'à faire l'action
dont on veut parler, et que cette action s'est faite
sans qu'on ait idée de son auteur :

Anata-wa nani-wo nasaséraré masoŭ ka? que faites-vous?
(litt. quand à vous qu'est-ce qui s'est fait?)

121. — L'auxiliaire « être » qui se rend dans la
langue écrite par le mot *arou*, prend dans le langage
de courtoisie la forme *gozarou* (*go* « impérial », *z*
euphonique, *arou* « être »). Conjugué avec l'auxi-

liaire *masoŭ*, il exprime un haut degré de politesse :

GOZAROU « être ».

INDICATIF
Présent.

Gozarou ou *gozaï-masoŭ*, je suis, etc.

Passé.

Gozatta[1] ou *gozaï masita*, j'étais.

Futur.

Gozarô ou *gozari-masyô*, je serai.

IMPÉRATIF.

Gozaré (forme tombée en désuétude) ou *gosaï-masi*, soyez.

CONDITIONNEL
Présent.

Gozaraba ou *gozaï-masoŭ-naraba*, si j'étais.

Passé.

Gozattaraba ou *gozaï-masita-naraba*, si j'avais été.

Futur (peu usité).

Gozarô-naraba ou *gozaï-masyô-naraba*, si je dois être.

CONCESSIF.
Présent.

Gozarou-to iyé-domo ou *gozaï-masoŭ-to-iyé-domo*, quoique je suis.

---

[1] *Gozaï* est la forme altérée de *gozari* ござり qui s'emploie communément dans le dialecte de Yédo. — *Gozata* ござつだ est pour *gozarita* ござりた.

Passé.

Gozatta-to-iyé-domo ou *gozaï-masita-to·iyé-domo*, quoique j'aie été.

Futur (peu usité).

Gozarô-to-iyé-domo ou *gozaï-masyô-to-iyé-domo*, quoique je doive être.

INFINITIF
Présent.

Gozarou-koto ou *gozaï-masoŭ-koto*, être.

Passé.

Gozatta-koto ou *gozaï-masita-koto*, avoir été.

Futur (peu usité).

Gozarô-koto ou *gozaï-masyô-koto*, devoir être.

GÉRONDIF.

Gozatté ou *gozaï-masité*, en étant.

PARTICIPE
Présent.

Gozarou..... ou *gozaï-masoŭ.....* qui est.

Passé.

Gozatta .... ou *gozaï-masita.....* qui était ou qui a été.

Futur.

Gozarô..... ou *gozaï-masyô.....* qui sera, ou qui doit être.

122. — Le verbe *gozarou* se conjugue négativement comme les verbes actifs, à l'aide de l'auxiliaire négatif *masenoŭ* :

Watakoŭsi-wa gozaï-masenoŭ « je ne suis pas ». — *Anata-wa gozaï-masénanda* « tu n'étais pas ». — *Ano-hito-wa gozaï-masoŭ-maï* « il ne sera pas ». — Etc.

123. — Le verbe « donner » se rend en japonais par *aḡé-masoŭ* « offrir en élevant les mains » lorsqu'on l'emploie à la première personne ; par *koudasaï-masoŭ* « faire descendre » à la seconde personne ; et par *yari-masoŭ* à la troisième personne. On pourra, toutefois, lorsqu'on voudra témoigner tout particulièrement de son respect pour la personne dont on parle, employer vis à vis d'une tierce personne inférieure à la première, le verbe *aḡé-masoŭ* :

Watakoŭsi-wa anata-ni hoñ-wo aḡé-masyó, « je vous donnerai un livre ».

Anata-wa watakoŭsi-ni katana-wo koudasaï-masita, « vous m'avez donné un couteau ».

Ano-hito-wa kodomo-ni yoŭmi-wo yari-masita, « il a donné un arc à l'enfant ».

Anata-wa mikado-ni hata-wo aḡé-masyó, « vous donnerez le drapeau à l'empereur ».

Ano-hito-wa daï-myó-ni kono sin-boun-si-wo aḡé-masyó, « il donnera ce journal au prince féodal ».

Conjugaison du verbe DONNER :

INDICATIF.

Présent.

Watakoŭsi-wa aḡé-masoŭ[1], je donne.
Anata-wa koudasaï-masoŭ, tu donnes.

---

[1] Les verbes *agé-masou* et *koudasaï-masou*, déterminant la position de la personne qui les emploie ou pour qui ils sont employés, le premier suffit pour signifier « je vous donne » et le second « vous ME donnez » ou « vous NOUS donnez. »

Ano-hito-wa yari-masoŭ, il donne.

Watakoŭsi-domo-wa aḡé-masoŭ, nous donnons.

Anata-ḡata-wa koudasaï-masoŭ, vous donnez.

Ano-hito-tatsi-wa yari-masoŭ, ils donnent.

Passé.

Watakoŭsi-wa aḡé-masita, je donnais.

Anata-wa koudasaï-masita, tu donnais.

Ano-hito-wa yari-masita, il donnait.

Watakoŭsi-domo-wa aḡé-masita, nous donnions.

Anata-ḡata-wa koudasaï-masita, vous donniez.

Ano-hito-tatsi-wa yari-masita, ils donnaient.

Futur.

Watakoŭsi-wa aḡé-masyô, je donnerai.

Anata-wa koudasaï-masyô, tu donneras.

Ano-hito-wa yari-masyô, il donnera.

Watakoŭsi-domo-wa aḡé-masyô, nous donnerons.

Anata-ḡata-wa koudasaï-masyô, vous donnerez.

Ano-hito-tatsi-wa yari-masyô, ils donneront.

IMPÉRATIF.

Koudasaï-masi, donne, donnez.

CONDITIONNEL.

Présent.

Watakoŭsi-wa aḡé-masoŭ-naraba, si je donne.

Anata wa koudasaï-masoŭ-naraba, si tu donnes.

Ano-hito-wa yari-masoŭ-naraba, s'il donne.

Watakoŭsi-domo-wa aḡé-masoŭ-naraba, si nous donnons.

Anata-ḡata-wa koudasaï-masoŭ-naraba, si vous donnez.

Ano-hito-tatsi-wa yari-masoŭ-naraba, s'ils donnent.

Passé.

Watakoŭsi-wa aḡé-masita-naraba, si j'avais donné.

Anata-wa koudasaï-masita-naraba, si tu avais donné.

Ano-hito-wa yari-masita-naraba, s'il avait donné.

Watakoŭsi-domo-wa aḡé-masita-naraba, si nous avions donné.

Anata-ḡata-wa koudasaï-masita-naraba, si vous aviez donné.

Ano-hito-tatsi-wa yari-masita-naraba, s'ils avaient donné.

Futur (peu usité).

Watakoŭsi-wa aḡé-masyô-naraba, si je dois donner.

Anata-wa koudasaï-masyô-naraba, si tu dois donner.

Ano-hito-wa yari-masyô-naraba, s'il doit donner.

Watakoŭsi-domo-wa aḡé-masyô-naraba, si nous devons donner.

Anata-ḡata-wa koudasaï-masyô-naraba, si vous devez donner.

Ano-hito-tatsi-wa yari-masyô-naraba, s'ils doivent donner.

CONCESSIF.

Présent.

Watakoŭsi-wa aḡé-masoŭ-to-iyé-domo, quoique je donne.

Anata-wa koudasaï-masoŭ-to-iyé-domo, quoique tu donnes.

Ano-hito-wa yari-masoŭ-to-iyé-domo, quoiqu'il donne.

Watakoŭsi-domo-wa aḡé-masoŭ-to-iyé-domo, quoique nous donnions.

Anata-ḡata-wa koudasaï-masoŭ-to-iyé-domo, quoique vous donniez.

Ano-hito-tatsi-wa yari-masoŭ-to-iyé-domo, quoiqu'ils donnent.

Passé.

Watakoŭsi-wa aḡé-masita-to-iyé-domo, quoique j'aie donné.

Anata-wa koudasaï-masita-to-iyé-domo, quoique tu aies donné.

Ano-hito-wa yari-masita-to-iyé-domo, quoiqu'il ait donné.

Watakoŭsi-domo-wa aḡé-masita-to-iyé-domo, quoique nous ayons donné.

Anata-ḡata-wa koudasaï-masita-to-iyé-domo, quoique vous ayez donné.

Ano-hito-tatsi-wa yari-masita-to-iyé-domo, quoiqu'ils aient donné.

Futur (peu usité).

Watakoŭsi-wa aḡé-masyô-to-iyé-domo, quoique je doive donner.

Anata-wa koudasaï-masyô-to-iyé-domo, quoique tu doives donner.

Ano-hito-wa yari-masyô-to-iyé-domo, quoiqu'il doive donner.

Watakoŭsi-domo-wa aḡé-masyô-to-iyé-domo, quoique nous devions donner.

Anata ḡata-wa koudasaï-masyô-to-iyé-domo, quoique vous deviez donner.

Ano-hito-tatsi-wa yari-masyô-to-iyé-domo, quoiqu'ils doivent donner.

INFINITIF.
Présent.

Aḡé-masoŭ-koto
Koudasaï-masoŭ-koto } donner.
Yari-masoŭ-koto

Passé.

Aḡé-masita-koto
Koudasaï-masita-koto } avoir donné.
Yari-masita-koto

Futur.

Aḡé-masyô-koto
Koudasaï-masyô-koto } devant donner.
Yari-masyô-koto

GÉRONDIF.

Aḡé-masité	
Koudasaï-masité	en donnant.
Atayé-masité	

PARTICIPE.
Présent.

Aḡé-masoŭ....	
Koudasaï-masoŭ.....	qui se donne, que l'on donne.
Atayé-masoŭ.....	

Passé.

Aḡé-masita.....	
Koudasaï-masita... .	donné, que l'on a donné.
Atayé-masita.....	

Futur.

Aḡé-masyô.....	
Koudasaï-masyô....	qui doit se donner, que l'on doit donner.
Atayé-masyô.....	

124. — Le verbe «donner», sous les trois formes indiqués dans le paradigme ci-dessus, peut se conjuguer négativement, en employant l'auxiliaire négatif *masénoŭ* au lieu de l'auxiliaire affirmatif *masoŭ*.

124. — Le verbe « voir » se rend par courtoisie à l'aide de la locution sinico-japonaise *go-rañ-nasaï*, litt. « qu'il soit fait un coup d'œil auguste »; mais il ne peut jamais être employé à la première personne et assez rarement à la troisième :

Kono iyé-no ouyé-ni tsiïsaï tori-wo go-rañ-nasaï « regardez le petit oiseau au-dessus de cette maison ».

126. — Le verbe « dire », qui se rend communément par *i'ou*, s'exprime plus poliment par *mô-sou* :

Koré-wa Yédo-dé-wa nani-to mô-si-masoŭ ka? « Comment se dit ceci à Yédo? »

127. — Un certain nombre de verbes de courtoisie se rattachent à des idiotismes propres à la langue japonaise. Il en est traité dans la troisième partie de cette Grammaire.

LANGAGE DES SUPÉRIEURS AUX INFÉRIEURS.

DES RADICAUX VERBAUX ET DE LA CONJUGAISON.

128. — Le langage populaire, dont on fait usage lorsqu'on parle à un inférieur, ne fait point usage de l'auxiliaire *masi-masoŭ*. Il en résulte un système de conjugaison particulière dans laquelle la racine verbale elle-même est l'objet de toutes les modifications qui caractérisent les voix, les modes et les temps.

129. — On compte, dans ce style, trois conjugaisons différentes qui résultent de la forme des radicaux, lesquels se terminent, comme nous l'avons dit (voy. § 101) par la voyelle *e* ou *i*. Au point de vue grammatical, il faut ajouter une troisième désinence en *'i*, dont il est facile de se rendre compte au premier abord dans la langue écrite, mais qui demande à être étudiée avec une atten-

tion spéciale dans la langue parlée où les éléments d'étymologie ont disparu, tandis qu'ils ont été conservés dans l'écriture.

130. — Les verbes japonais des trois conjugaisons se terminent à l'indicatif présent affirmatif par l'une des syllabes *rou, tsou, mou, 'ou, kou, sou* :

Faire,	radical : *tsoŭkouri*	présent :	*tsoŭkourou.*
Établir,	— *tatsi,*	—	*tatsou.*
Aimer,	— *konomi*	—	*konomou.*
Dire,	— *i'i*	—	*i'ou.*
Ecrire,	— *kaki*	—	*kakou.*
Cacher,	— *kakousi*	—	*kakousou.*

131. — Les verbes des trois conjugaisons se terminent à l'indicatif présent négatif par la syllabe *nou* :

Radical affirmatif : *tsoŭkouri*	Présent négatif :	*tsoŭkouranou.*
— *tatsi.*	—	*tatenou.*
— *konomi.*	—	*konomanou.*
— *i'i.*	—	*ivanou.*
— *kaki.*	—	*kakanou.*
— *kakousi*	—	*kakousanou.*

132. — La finale *'i,* dans les radicaux des verbes, se lie ordinairement à la voyelle qui la précède, de manière à former des diphthongues qui font varier de quatre manières différentes les radicaux des verbes terminés en *'ou* à l'indicatif présent :

RADICAUX EN			
a'ï	*i'i*	*o'ï*	*ou'i*
outaga'i de *outaga'ou* « douter ».	*i'i* de *i'ou* « dire »	*kayo'i* de *kayo'ou* « fréquenter»	*fourou'i* de *fourou'ou* « agiter »

PREMIÈRE CONJUGAISON. — FORMATION DES TEMPS.

133. — Le radical des verbes de la première conjugaison, est terminé par *é*, ou, dans l'écriture, par une des syllabes *ké, gé, hé (yé), bé, té, dé, sé, zé, mé, né, ré, yé.*

134. — L'impératif ne diffère ordinairement pas du radical ; seulement il est d'usage d'y ajouter une interjection :

Rad. *né* « dormir »   imp. *né-yo* ou *né-ro* « dormez ! »
— *motomé* « demander » — *motomé-yo* ou *motomé-ro* « demandez ! »

135. — Le présent de l'indicatif se forme en ajoutant la syllabe *rou* au radical :

Rad. *né,*   indic. prés.: *nérou* « je dors ».
— *motomé,*   — *motomérou* « je demande ».

136. — Le prétérit se forme par l'addition de la syllabe *ta* au radical :

Rad. *né,*   préterit: *néta,* « j'ai dormi ».
— *motomé,*   — *motométa* « j'ai demandé ».

137. — Le futur se forme en ajoutant *darô* à l'indicatif présent :

Indic. prés. *nérou,* Fut. *nérou-darô* « je dormirai ».

— *motomérou,* — *motomérou-darô* « je demanderai ».

138. — Le conditionnel-présent se forme en changeant la terminaison *é* du radical en *éréba* :

Rad. *né,* condit. prés., *néréba* « si je dors ».

— *motomé,* — *motoméréba* « si je demande ».

139. — Le conditionnel-passé se forme en changeant la terminaison *é* du radical en *étaraba* :

Rad. *né,* condit. passé, *nétaraba* « si j'avais dormi ».

— *motomé,* — *motométaraba* « si j'avais demandé ».

140. — Le conditionnel-futur se forme en ajoutant *naraba* au futur de l'indicatif :

Indic. fut., *nérou-darô,* condit. fut., *nérou-darô-naraba* « si je dois dormir ».

— *motomérou-darô,* — *motomérou-darô-naraba* « si je dois demander ».

141. — Le concessif forme ses temps par l'addition des mots *to-iyé-domo* aux temps correspondants de l'indicatif :

Indic. prés., *nérou,* concessif, *nérou-to-iyé-domo* « quoique je dorme ».

— *motomérou,* — *motomérou-to-iyé-domo* « quoique je demande ».

Indic. passé, *néta*,   conc.-passé, *néta-to-iyé-domo* « quoique je demande ».

—   *motométa*,   —   *motométa - to - iyé - domo*
« quoique j'aie demandé ».

Ind. fut. *nérou-darô*,   conc.-fut., *nérou-darô-to-iyé - domo*
« quoique je doive dor-
mir ».

—   *motomérou-darô*,   —   *motomérou-to-iyé - domo*
« quoique je doive de-
mander ».

142. — L'infinitif forme ses temps en ajoutant
le mot *koto* « chose » aux temps correspondants de
l'indicatif ; traité comme un substantif, il peut être
décliné :

Indic. prés. *nérou*,   inf. prés., *nérou-koto* « dormir ».

—   *motomérou*,   —   *motomérou-koto* « demander ».

Ind. passé. *néta*,   inf. passé, *néta-koto* « avoir dormi ».

-        *motométa*,   —   *motométa-koto* « avoir demandé ».

Ind. fut. : *nérou-darô*,   inf. fut. : *nérou-darô-koto* « devoir
dormir. »

—   *motomérou-darô*,   —   *motomérou - darô - koto*
« devoir demander ».

143. — Le gérondif se forme en ajoutant la syllabe *té* au radical :

Rad. *né*,   gérondif : *nété* « en dormant ».

—   *motomé*,   —   *motomété* « en demandant ».

144. — Les participes, semblables aux temps de

l'indicatif, sont traités comme de véritables adjectifs et se placent devant les substantifs auxquels ils se rapportent ; ex. :

Motomérou-tokoro « l'endroit demandé ».
Néta-hito « l'homme qui a dormi ».

145. — La conjugaison des verbes se fait en employant des pronoms qui désignent la position relative des interlocuteurs ainsi qu'il a été dit plus haut (§ 51-68).

1ʳᵉ CONJUGAISON. — *TODOMÉROU* « cesser ».

INDICATIF.

Présent.

Oré-wa todomérou, je cesse.
Omaë-wa
Témaë-wa } *todomérou,* tu cesses.
Karé-wa todomérou, il cesse.

Passé.

Oré-wa todométa, je cessais.
Omaë-wa
Témaë-wa } *todoméda,* tu cessais.
Karé-wa todométa. il cessait.

Futur.

Oré-wa todomérou-daró, je cesserai.
Omaë-wa
Témaï-wa } *todomérou-daró,* tu cesseras.
Karé-wa todomérou-daró, il cessera.

II. — GRAMM. VULG. 12

IMPÉRATIF.

Todomé
Todomé-yo } cesse.
Todomé-ro

CONDITIONNEL.

Présent.

Oré-wa todomaréba, si je cesse.

Omaë-wa
Témaë-wa } *todomaraba*, si tu cesses.

Karé-wa todo-maraba, s'il cesse.

Passé.

Oré-wa todométaraba, si j'avais cessé.

Omaë-wa
Témaë-wa } *todométaraba*, si tu avais cessé.

Karé-wa todométaraba, s'il avait cessé.

Futur.

Oré-wa todomérou-daró-naraba, si je dois cesser.

Omaë-wa
Témaë-wa } *todomérou-daró-naraba*, si tu dois cesser.

Karé-wa todomérou-daró-naraba, s'il doit cesser.

CONCESSIF.

Présent.

Oré-wa todomérou-to-iyé-domo, quoique je cesse.

Omaë-wa
Témaë-wa } *todomérou-to-iyé-domo*, quoique tu cesses.

Karé-wa todomérou-to-iyé-domo, quoiqu'il cesse.

Passé.

Oré-wa todométa-to-iyé-domo, quoique j'aie cessé.

Omaë-wa
Témaë-wa } *todométa-to-iyé-domo*, quoique tu aies cessé.

Karé-wa todométa-to-iyé-domo, quoiqu'il ait cessé.

Futur.

Oré-wa todomérou-daró-to-iyé-domo, quoique je doive cesser.

Omaë-wa ⎰ *todomérou-daró-to-iyé-domo*, quoique tu
Témaë-wa ⎱ doives cesser.

Karé-wa todomérou-daró-to-iyé-domo, quoiqu'il doive cesser.

INFINITIF.

Présent.

Todomérou-koto, cesser.

Passé.

Todométa-koto, avoir cessé.

Futur.

Todomérou-daró-koto, devant cesser.

GÉRONDIF.

Todomété, cessant, en cessant.

PARTICIPE.

Présent.

Todomérou... qui cesse.

Passé.

Todométa... qui a cessé.

Futur.

Todomérou-daró... qui doit cesser.

SECONDE CONJUGAISON. — FORMATION DES TEMPS.

146. — Les radicaux des verbes de la seconde conjugaison se terminent par la voyelle *i*, et dans.

l'écriture par l'une des syllabes *ki, tsi, si, mi, ni, ri, gi, bi.*

147. — Le présent de l'indicatif se forme en changeant l'*i* final du radical en *ou :*

Rad. *konomi* « aimer ».   Ind. *konomou* « j'aime ».
— *yomi* « donner ».   — *yomou* « je lis ».

148. — Le prétérit se forme en ajoutant au radical la syllabe *ta* ou la syllabe adoucie correspondante *da :*

Rad. *konomi*.   Prét. *kononda (konomoŭda)*.
— *yomi*.   — *yonda (yomoŭda)*.

Il faut observer que la syllabe brève *moŭ* répond dans l'écriture à la lettre *n* qu'elle remplaçait dans la langue ancienne [1].

149. — Le futur se forme soit en changeant la voyelle finale *i* du radical en *ó*, soit en ajoutant *daró* à l'indicatif présent :

Rad. *konomi*.   Fut. *konomó* ou *konomou-daró*.
— *yomi*.   — *yomó* ou *yomou-daró*.

150. — L'impératif se forme du radical en changeant *i* en *e :*

Rad. *konomi*.   Imp. *konomé* « aime ».
— *yomi*.   — *yomé* « lis ».

---

1. De la sorte *kononda* s'écrit このんだ ou このむだ *yonda* よんだ ou よむだ

151. — Le conditionnel présent se forme en changeant la terminaison *i* du radical en *aba* :

Rad. *konomi*. Cond. prés. *konomaba* « si j'aime ».
— *yomi*. — *yomaba* « si je lis ».

152. — Le passé du conditionnel se forme du prétérit de l'indicatif, en ajoutant la suffixe *naraba* :

Prét. *kononda*. Cond. passé, *kononda-naraba* « si j'aimais ».
— *yonda*. — *yonda-naraba* « si je lisais ».

153. — Le futur du conditionnel se forme en ajoutant *naraba* au futur de l'indicatif :

Ind. fut. *konomó*. Cond. fut. *konomó-naraba* « si je dois aimer ».
— *yomó*. — *yomó-naraba* « si je dois lire ».

On fait également usage des conditionnels futurs en *daró*, tels que *konomou-daró-naraba*, *yomou-daró-naraba*.

154. — Le concessif forme ses temps par l'addition des mots *to-iyé-domo* aux temps correspondants de l'indicatif :

Indic. prés. *konomou*. Conc. prés. *konomou-to-iyé-domo*.
— *yomou*. — *yomou-to-iyé-domo*.
Ind. passé, *kononda*. Conc. passé, *kononda-to-iyé-domo*.
« quoique j'aie aimé ».
— *yonda*. — *yonda-to-iyé-domo*
« quoique j'aie lu ».
Ind. fut. *konomó*. Conc. fut. *konómo-to-iyé-domo* « quoique je doive aimer ».
— *yomó*. — *yomó-to-iyé-domo* « quoique je doive lire ».

155. — L'infinitif forme ses temps en ajoutant le mot *koto* « chose » aux temps correspondants de l'indicatif ; traité comme un substantif, il peut être décliné :

Ind. prés. *konomou.* Inf. prés. *konomou-koto* « aimer ».
— *yomou.* — *yomou-koto* « lire ».
Ind. pass. *kononda.* Inf. passé, *kononda-koto* « avoir aimé ».
— *yonda.* — *yonda-koto* « avoir lu ».
Ind. fut. *konomó.* Inf. fut. *konomó-koto* « devoir aimer ».
— *yomó.* — *yomó-koto* « devoir lire ».

156. — Le gérondif se forme en ajoutant la syllabe *té* au radical :

Rad. *konomi.* Gérond. *konomité* « en aimant ».
— *yomi.* — *yomité* « en lisant ».

157. — Les participes se forment suivant les mêmes principes que pour la première conjugaison (§ 144).

158. — La formation du prétérit, dans la seconde conjugaison, présente quelques irrégularités dont il est facile de se rendre compte au point de vue de la philologie, mais qui, dans la pratique, peuvent causer de l'embarras aux commençants. Il ne sera pas inutile de donner une série d'exemples de ces prétérits :

Rad. *asobi.* Ind. prés. *asobou* « s'amuser ». Passé, *asonda.*
— *awoǧi.* — *awoǧou* « s'écarter ». — *awoïda.*
— *ayoǔmi.* — *ayoǔmou* « marcher ». — *ayounda.*
— *érami.* — *éramou* « choisir ». — *éranda.*

Rad. *kaki.* Ind. prés. *hakou* « balayer ». Passé. *haïta.*

— *kaki.* — *kakou* « écrire ». — *kaïta.*

— *kiri.* — *kirou* « couper ». — *kitta.*

— *koḡi.* — *koḡou* « ramer ». — *koïda.*

— *koumi.* — *koumou* « tirer de l'eau ». — *kounda.*

— *ki.* — *kourou* « venir ». — *kita.*

— *matsi.* — *matsoŭ* « attendre ». — *matta.*

— *mousoŭbi* — *mousoŭbou* « nouer ». — *mousoŭnda.*

— *nazimi.* — *nazimou* « être en relation ».— *nazinda.*

— *nizimi.* — *nizimou* « s'étaler ». — *nizinda.*

— *nomi.* — *nomou* « boire ». — *nonda.*

— *nouki.* — *noukou* « arracher ». — *nouita.*

— *oḡami.* — *oḡamou* « prier ». — *oḡanda.*

— *oyoḡi.* — *oyoḡou* « nager ». — *oyoïda.*

— *sakébi.* — *sakébou* « s'écrier ». — *sakenda.*

— *sini.* — *sinou* « mourir ». — *sinda.*

— *sonémi.* — *sonémou* « être jaloux ». — *sonenda.*

— *soŭsoŭmi.* — *soŭsoŭmou* « s'avancer ». — *soŭsoŭnda.*

— *tatsi.* — *tatsoŭ* « être debout ». — *tatta.*

— *tobi.* — *tobou* « s'envoler ». — *tonda.*

— *tsiri.* — *tsirou* « être dispersé ». — *tsitta.*

— *yami.* — *yamou* « cesser ». — *yanda.*

— *yobi.* — *yobou* « appeler ». — *yonda.*

— *yomi.* — *yomou* « lire ». — *yonda.*

— *yorokobi.* — *yorokobou* « se réjouir ». — *yorokonda.*

2ᵉ CONJUGAISON. — *YOROKOBOU*

« se réjouir ».

INDICATIF.

Présent.

Oré-wa yorokobou, je me réjouis.

Omaë-wa } *yorokobou,* tu te réjouis.
Témaë-wa }

Karé-wa yorokobou, il se réjouit.

Passé.

Oré-wa yorokonda, je me réjouissais.
Omaë-wa } *yorokonda,* tu te réjouissais.
Témaë-wa }

Karé-wa yorokonda, il se réjouissait.

Futur.

Oré-wa yorokobou-darô, je me réjouirai.
Omaë-wa } *yorokobou-darô,* tu te réjouiras.
Témaë-wa }

Karé-wa yorokobou-darô, il se réjouira.

IMPÉRATIF.

Yorokobé }
Yorokobé-yo } réjouis-toi, réjouissez-vous.
Yorokobé-ro }

CONDITIONNEL.

Présent.

Oré-wa yorokobaba, si je me réjouis.
Omaë-wa } *yorokobaba,* si tu te réjouis.
Témaë-wa }

Karé-wa yorokobaba, s'il se réjouit.

Passé.

Oré-wa yorokonda-naraba, si je m'étais réjoui.
Omaë-wa } *yorokonda-naraba,* si tu t'étais réjoui.
Témaë-wa }

Karé-wa yorokonda-naraba, s'il s'était réjoui.

Futur.

Oré-wa yorokobó-naraba, si je dois me réjouir.

Omaë-wa ⎱
Témaë-wa ⎰ *yorokobó-naraba,* si tu dois te réjouir.

Karé-wa yorokobó-naraba, s'il doit se réjouir.

CONCESSIF.

Présent.

Oré-wa yorokobou-to-iyé-domo, quoique je me réjouisse.

Omaë-wa ⎱
Témaë-wa ⎰ *yorokobou-to-iyé-domo,* quoique tu te réjouisses.

Karé-wa yorokobou-to-iyé-domo, quoiqu'il se réjouisse.

Passé.

Oré-wa yorokonda-to-iyé-domo, quoique je me sois réjoui.

Omaë-wa ⎱ *yorokonda-to-iyé-domo,* quoique tu te sois
Témaë-wa ⎰ réjoui.

Karé-wa yorokonda-to-iyé-domo, quoiqu'il se soit réjoui.

Futur.

Oré-wa yorokobou-daró-to-iyé-domo, quoique je doive me
réjouir.

Omaë-wa ⎱ *yorokobou-daró-to-iyé-domo,* quoique tu doives
Temaë-wa ⎰ te réjouir.

Karé-wa yorokobou-daró-to-iyé-domo, quoiqu'il doive se
réjouir.

INFINITIF.

Présent.

Yorokobou-koto, se réjouir.

Passé.

Yorokonda-koto, s'être réjoui.

Futur.

Yorokobou-daró-koto, devoir se réjouir.

GÉRONDIF.

Yorokondé, en se réjouissant.

PARTICIPE.

Présent.

Yorokobou. . . . , réjoui, qui se réjouit.

Passé.

Yorokonda. . . . , réjoui, qui s'est réjoui.

Futur.

Yorokobou-daró. . . . , qui doit se réjouir.

TROISIÈME CONJUGAISON. — FORMATION DES TEMPS.

159. — Les verbes de la troisième conjugaison se terminent dans la langue écrite par ʻi et dans la langue vulgaire par *i*. La différence qu'ils présentent avec les verbes de la seconde conjugaison provient de la forme écrite qui seule peut expliquer ses transformations, basées sur la série des syllabes

ʻi ひ — *ho (vo)* ほ *fouh* ふ — *ha (va)* は — *hé (yé)* へ,

à laquelle il faudra se reporter pour comprendre les règles qui suivent.

160. — L'indicatif présent se forme en changeant l'*i* final du radical en *fou* (vulg. *ou*) :

Rad. *ousinaʻi* « perdre ». Ind. pr. *ousinaʻou (ousinafou)* « je perds ».

— *ii* « dire ». — *iʻou (ifou)* « je dis ».

161. — Le prétérit se forme en ajoutant *ta* à l'indicatif présent :

Ind. pr. *ousina'ou.* Prét. *ousina'oula (ousinóta)* ou *ousinatta*
                        « je perdais ».

— *i'ou.*   — *i'oula.(youta]* ou *itta* « je disais ».

162. — Le futur se forme en changeant la terminaison *i* du radical en *vó* (⋏ ろ *vafou*) ou, ce
qui revient au même, en intercalant la syllabe *va*
avant la dernière syllabe du présent de l'indicatif :

> Rad. *ousina'i.* Fut. *ousinavó* « je perdrai ».
> — *ii.*   — *ivó* « je dirai ».

163. — L'impératif consiste dans la permutation
de la voyelle finale *i* du radical en *e*, c'est-à-dire *'i*
(ひ *hi*) ou *yé* (⋏ *hé*) ;

> Rad. *ousina'i.* Imp. *ousinayé (ousinaë)* « perdez ».
> — *i'i.*   — *iyé* « dites ».

164. — Le conditionnel présent se forme en
changeant la syllabe finale du radical *i* en *vaba :*

> Rad. *ousina'i.* Cond. prés. *ousinavaba* « si je perds ».
> — *i'i.*   — *ivaba* « si je dis ».

165. — Le passé du conditionnel se forme du
prétérit de l'indicatif, en ajoutant la suffixe *naraba :*

> Ind. prét. *ousinatta.* Cond. passé, *ousinatta-naraba* « si j'avais
>   perdu ».
> — *itta.*   — *itta-naraba* « si j'avais dit ».

166. — Le futur du conditionnel se forme en
ajoutant *naraba* au futur de l'indicatif :

> Ind. fut. *ousinavó.* Cond. fut. *ousinavó-naraba* « si je dois
>   perdre ».
> — *ivó.*   — *ivó-naraba* « si je dois dire ».

167. — Le concessif forme ses temps par l'addition des mots *to-iyé-domo* aux temps correspondants
de l'indicatif :

Ind. prés. *ousina'ou.*   Conc. prés. *ousina'ou-to-iyé-domo,*
                                   « quoique je perde ».
     — *i'ou.*   —   *i'ou-to-iyé-domo* « quoique
                                   je dise ».
Ind. passé, *ousinatta.* Conc. passé, *ousinatta-to-iyé-domo*
                                   « quoique j'aie perdu ».
     — *illa.*   —   *illa-to-iyé-domo* « quoique
                                   j'aie dit ».
Ind. fut. *ousinavó.* Conc. fut. *ousinavó-to-iyé-domo* « quoique
                                   je doive perdre ».
     — *ivó.*   —   *ivó-to-iyé-domo* « quoique je
                                   doive dire ».

168. — L'infinitif forme ses temps en ajoutant
le mot *koto* « chose » aux temps correspondants de
l'indicatif ; traité comme substantif, il peut être décliné :

Ind. prés. *ousina'ou.* Inf. prés. *ousina'ou-koto* « perdre ».
     — *i'ou.*   —   *i'ou-koto* « dire ».
Ind. passé, *ousinatta.* Inf. passé, *ousinatta-koto* « avoir perdu ».
     — *illa.*   —   *illa-koto* « avoir dit ».
Ind. futur, *ousinavó.* Inf. futur, *ousinavó-koto* « devoir perdre ».
     — *ivó.*   —   *ivó-koto* « devoir dire ».

169. — Le gérondif se forme du prétérit en
changeant la voyelle finale *a* en *e* :

Ind. prét. { *ousina'outa.*   Gérondif. { *ousina'outé.*
           { *ousinatta.*   { *ousinatté.*
    —   { *i'outa.*   —   { *i'outé.*
           { *illa.*   { *illé.*

170. — Les participes se forment suivant les mêmes principes qui président à la formation de ceux de la première conjugaison (§ 144).

3e CONJUGAISON. — *HARA'OU* « payer »

INDICATIF.

Présent.

Oré-wa haraou, je paie.

Omaë-wa
Temaë-wa } *haraou,* tu paies.

Karé-wa haraou, il paie.

Passé.

Oré-wa haratta, j'ai payé.

Omaë-wa
Temaë-wa } *haratta,* tu as payé.

Karé-wa-haratta, il a payé.

Futur.

Oré-wa-haró, je paierai.

Omaë-wa
Temaë-wa } *haró,* tu paieras.

Karé-wa haró, il paiera.

IMPÉRATIF.

Haraë
Haraë-yo } payez.
Haraë-ro

CONDITIONNEL.

Présent.

Oré-wa haravaba, si je paie.

Omaë-wa
Temaë-wa } *haravaba,* si tu paies.

Karé-wa haravaba, s'il paie.

Passé.

Oré-wa haratta-naraba, si j'avais payé.

Omae-wa
Temaë-wa } *haratta-naraba*, si tu avais payé.

Karé-wa haratta-naraba, s'il avait payé.

Futur.

Oré-wa haró-naraba, si je dois payer.

Omaë-wa
Temaë-wa } *haró-naraba*, si tu dois payer.

Ka ré-wa haró-naraba, s'il doit payer.

CONCESSIF.

Présent.

Oré-wa haraou-to-iyé-domo, quoique je paie.

Omaë-wa
Temaë-wa } *haraou-to-iyé-domo*, quoique tu paies.

Karé-wa haraou-to-iyé-domo, quoiqu'il paie.

Passé.

Oré-wa haratta-to-iyé-domo, quoique j'aie payé.

Omaë-wa
Temaë-wa } *haratta-to-iyé-domo*, quoique tu aies payé.

Karé-wa haratta-to-iyé-domo, quoiqu'il ait payé.

Futur.

Oré-wa haraou-daró-to-iyé-domo, quoique je doive payer.

Omaë-wa
Temaë-wa } *haraou-daró-to-iyé-domo*, quoique tu doives payer.

Karé-wa haraou-daró-to-iyé-domo, quoiqu'il doive payer.

INFINITIF.

Présent.

Haraou-koto, payer.

Passé.

Haratta-koto, être payé, qui a été payé.

Futur.

Haraou-daró-koto, devoir payer, qui doit être payé.

GÉRONDIF.

Haratte, en payant.

PARTICIPE.

Présent.

Haraou. . . . , payé, que l'on paie.

Passé.

Haratta. . . . , payé, qui a été payé.

Futur.

Haraou-daró. . . . , qui doit être payé, que l'on doit payer.

CONJUGAISON NÉGATIVE.

171. — La conjugaison négative du style des supérieurs est fondée sur l'agglutination de la particule verbale négative au radical des verbes affirmatifs. Cette agglutination s'opère suivant divers procédés dépendant de la forme de ce radical.

172. — Les radicaux monosyllabiques des verbes acquièrent la forme négative par la seule addition de la suffixe négative conjugable *nou* :

Rad. affirm. *ne* « dormir ».   Prés. négatif, *nenou* « je ne dors pas ».

—   *de* « sortir ».   —   *denou* « je ne sors pas ».

173. — Cette règle toutefois n'est pas invariable. ainsi :

Rad. affirm. *ki* « venir ».   Prés. nég. *konou* « je ne viens pas »

174. — La plupart des verbes japonais forment leur négatif en ajoutant la suffixe négative au radical (§ 172), dont on renforce la dernière voyelle. Ce renforcement s'opère par le changement de la voyelle *i* en *a* :

Rad. affirm. *kaki* « écrire ».   Prés. nég. *kakanou* « je n'écris pas ».
—   *konomi* « aimer ».   —   *konomanou* « je n'aime pas ».

175. — Pour former le négatif des verbes terminés en *érou,* il faut d'abord rechercher le radical qui exclut la finale *rou,* et ajouter à ce radical renforcé (§ 174) la suffixe négative conjugable *nou :*

Forme affirmative : *todomérou* « cesser » ; radical : *todome ;* présent négatif : *todomanou* « je ne cesse pas ».
Forme affirmative : *taterou* « établir » ; radical : *tate ;* présent négatif : *tatanou* ou *tatenou* « je n'établis pas ».

176. — Pour les verbes dont le radical se termine en *tsi,* il faut se rappeler que cette syllabe représente la syllabe *ti* (ち) dans l'alphabet japonais, et en conséquence opérer les changements mentionnés dans les paragraphes précédents, en omettant la lettre *s* de notre transcription européenne :

Radical affirmatif : *katsi* (pour *kati*) « triompher » ; présent négatif · *katanou* « je ne triomphe pas ».
Radical affirmatif : *matsi* (pour *mati*) « attendre » ; présent négatif : *matanou* « je n'attends pas ».

177. — Enfin, pour trouver la forme négative des verbes dont le radical négatif est terminé par '*i,* il

faut se rappeler que cette terminaison est représentée dans l'écriture par le signe ν\ *hi,* lequel représente la syllabe *vi* dans la série syllabique de l'alphabet indigène. Dès lors on se rendra aisément compte des transformations suivantes :

Radical affirmatif : *i'i* (écrit *ivi*) « dire » ; présent négatif : *ivanou* « je ne dis pas ».

Radical affirmatif : *ka'i* (écrit *kavi*) « acheter » ; présent négatif : *kavanou* « je n'achète pas ».

178. — Si l'on tient compte des observations présentées dans les paragraphes précédents (171-177), il suffira, pour conjuguer les verbes négatifs du style des supérieurs, de connaître la formation des temps de la suffixe négative conjugable *nou.* Le tableau suivant fera suffisamment comprendre les règles de cette formation, surtout si l'on a étudié d'abord les principes de la conjugaison affirmative.

SUFFIXE NÉGATIVE CONJUGABLE NOU
« ne pas faire ».

Ind. prés. : *nou*	Ex. : *kavanou.*
— passé : *nanda.*	*kavananda.*
— futur : *nou-daró.*	*kavanou-daró.*
Impératif : *naï.*	*kava-naï.*
na.	*kavana.*
na-yo.	*kava-na-yo.*
Cond. prés. : *neba.*	*kavaneba.*
— passé : *natta-naraba.*	*kavanatta-naraba.*
— futur : *naï daró-naraba.*	*kavanaï-daró-naraba.*
Conc. prés. : *naï-to iyé-domo.*	*kava-naï-to-iyé-domo.*

II. — GRAMM. VULG.   13

Conc. passé : *natta-to-iyé-domo*. Ex. : *kavanatta-to-iyé-domo*.
— futur : *naï-daró-to-iyé-*   *kavanaï-daró-to-iyé-domo*.
          domo.
Inf. prés. : *nou-koto*.   *kavanou-koto*.
— passé : *natta-koto*.   *kavanatta-koto*.
— futur : *naï-daró-koto*.   *kavanaï-daró-koto*.
Gérondif : *natté*.   *kavanatte*.
Part. prés. : *nou*...   *kavanou*...
— passé : *natta*...   *kavanatta*...
— futur : *naï-daró*...   *kavanaï-daró*...

CHAPITRE TROISIÈME.

DES MOTS DE CONDITION.

VI. — NUMÉRATION.

179. — Les Japonais font usage de deux séries différentes de nombre : l'une est propre à l'idiome national ; l'autre est empruntée à la langue chinoise.

180. — Parmi les noms de nombre purement japonais, il n'y a que les dix premiers qui soient d'un usage journalier, les noms chinois ayant paru plus commodes pour exprimer les nombres plus élevés.

181. — Les noms de nombre purement japonais sont :

1 *hitotsoŭ*.   3 *mitsoŭ*.
2 *foutatsoŭ*.   4 *yotsoŭ*.

5 *itsoŭtsoŭ*.   8 *yatsoŭ*.
6 *moutsoŭ*.   9 *kokonotsoŭ*.
7 *nanatsoŭ*.   10 *too*.

182. — Les noms de nombre purement japonais, lorsqu'ils précèdent directement un substantif, perdent leur syllabe finale *tsoŭ*; ex. :

hito hito « un homme ».   *kokono iyé* « neuf maisons ».
mi ka « trois jours ».   *too foude* « dix pinceaux ».

183. — On emploie également ces mêmes noms de nombre sans supprimer leur désinence en *tsoŭ*, mais alors on les fait suivre immédiatement de la particule du génitif *no* :

hito-no hito « un homme ».   *kokonotsoŭ-no iyé* « neuf maisons ».
mitsoŭ-no ka « trois jours ».   *too-no foudé* « dix pinceaux ».

184. — Les noms de nombre empruntés à la langue chinoise sont :

1 *itsi*.   6 *rokoŭ*.
2 *ni*.   7 *sitsi*.
3 *san*.   8 *hatsi*
4 *si*.   9 *kiou*.
5 *go*.   10 *zioŭ*.

185. — Les noms de nombre d'origine chinoise s'emploient de préférence avec les substantifs de provenance chinoise, tandis que les noms de nombre purement japonais s'emploient avec les mots indigènes ; ainsi l'on dira :

japonais : *hito* ou sinico-japonais : *nin* } « homme ».   *fouta-fito* ou *ni-nin*. } « deux hommes ».

japonais : *tosi*
  ou   } « année ».
sinico-japonais : *nen* }

nana-tosi
  ou   } « sept années ».
sitsi-nen }

Mais on ne pourra point dire : *fouta-nin* ou *ni-hito* pour « deux hommes », pas plus que *nana-nen* ou *sitsi-tosi* pour « sept ans ».

186. — Le grand nombre d'homophones que l'on rencontre parmi les mots d'origine chinoise usités en japonais a nécessité quelques exceptions, sans lesquelles il naîtrait, dans le style de la conversation, de regrettables malentendus. Il faudra dire en conséquence :

yo nin « quatre hommes », et non *si-nin* qui signifierait « un mort ».

yo tabi « quatre fois », et non *si-tabi* qui signifierait « un feu qui s'éteint ».

yo nen « quatre années », et non *si-nen* qui signifierait « la pensée ».

187. — On trouvera dans la liste qui suit des exemples des principales exceptions qu'il est indispensable de connaître pour se faire comprendre en parlant japonais :

itsi-nen « une année », *san-ga-nen* « trois années », *yo-nen* « quatre années ».

is-saï « un an », *ni-saï* « deux ans », *san-zaï* « trois ans ».

Ip-paï « une tasse », *ni-haï* « deux tasses », *sam-baï* « trois tasses ».

Ip-piki « une tête de bétail », *ni-hiki* « deux têtes », *sam-biki* « trois têtes », *rop-piki* « six têtes », *zip-piki* « dix têtes », *hyap-piki* « cent têtes », *zem-biki* « mille têtes ».

Ik-kin « une livre (poids) », *ni-kin* « deux livres », *san gin*
« trois livres », *rok kin* « six livres », *zik kin* « dix livres »,
hyak kin « cent livres », *sen-gin* « mille livres ».

Ik-ka koko « un royaume », *ni-ka koko* « deux royaumes »,
san-ga kokou « trois royaumes », *zik-ka kokou* « dix
royaumes ».

Itsi ha « une feuille », *ni ha* « deux feuilles », *sam ba* « trois
feuilles », *zip pa* « dix feuilles ».

188. — Pour former les nombres de onze à dix-
neuf, il suffit de faire suivre le mot *zyoû* par les
noms d'unité *itsi, ni, san,* etc.; ex. :

zyoû-itsi « onze ».	*zyoû-rokoû* « seize ».
zyoû-ni « douze ».	*zyoû-sitsi* « dix-sept ».
zyoû-san « treize ».	*zyoû-hatsi* « dix-huit ».
zyoû-si « quatorze ».	*zyoû-kiou* « dix-neuf ».
zyoû-go « quinze ».	

189. — Les multiples de dix s'indiquent par la
présence des unités mises en préfixes; et les unités
ajoutées à ces multiples, par les noms d'unité *itsi,
ni, san,* etc., employés comme suffixes, par ex. :

ni-zyoû « vingt ».	*rokoû-zyoû* « soixante ».
san-zyoû « trente ».	*sitsi-zyoû* « soixante-dix ».
si-zyoû « quarante ».	*hatsi-zyoû* « quatre-vingts ».
go-zyoû « cinquante ».	*kiou-zyoû* « quatre-vingt-dix ».

190. — Les nombres supérieurs à 99, communément usités, sont les suivants :

hyakoû « cent ».	*zen* « mille ».
ni-hyakoû « deux cents ».	*rop-pyakoû* « six cents ».
sam-hyakoû « trois cents ».	*hap-pyakoû* « huit cents ».

is-sen « un mille ».

man « dix mille ».

okoŭ « un million » (ce dernier nombre est déjà d'un usage très-rare).

191. — Les nombres ordinaux se forment en ajoutant aux noms de nombre cardinaux sinico-japonais la particule *bañ*, et parfois en les faisant précéder par la particule ordinale chinoise *daï* :

> *itsi-bañ* ou *daï-itsi-bañ* « le premier ».
> *ni-bañ* ou *daï-ni-bañ* « second ».
> *sam-bañ* ou *daï-sam-bañ* « troisième ».
> *yo-bañ* ou *daï-yo-bañ* « quatrième ».

192. — Les noms de nombre itératifs se forment à l'aide du mot *tabi* « fois » (sinico-japonais : *do*) :

> *hito-tabi* ou *itsi-do* « une fois ».
> *mi-tabi* ou *san-do* « trois fois », etc.

193. — Pour donner à ces noms de nombre la valeur ordinale, il suffit de leur ajouter la particule *mé*. Ainsi l'on dira :

> *hito-tabi-mé* ou *itsi-do-mé* « la première fois ».
> *mi-tabi-mé* ou *san-do-mé* « la troisième fois », etc.

194. — Les noms de nombre multiplicateurs se forment à l'aide de la particule *yé*. Exemple :

> *hito-yé* « simple ».   *mou-yé* « sextuple ».
> *fouta-yé* « double ».   *nana-ye* « septuple ».
> *mi-yé* « triple ».   *ya-yé* « octuple ».
> *yo-yé* « quadruple ».   *kokono-yé* « nonuple ».
> *itsoŭ-yé* « quintuple ».   *tŏ-yé* « décuple ».

195. — On forme les nombres associés à l'aide de la particule *baï* « paire », jointe aux noms de nombre sinico-japonais :

itsi-baï « une paire ».   *rokoŭ-baï* « six paires ».
ni-baï .« deux paires ».   *sitsi-baï* « sept paires ».
sam-baï « trois paires ».   *hatsi-baï* « huit paires ».
yo-baï « quatre paires ».   *kiou-baï* « neuf paires ».
go-baï « cinq paires ».   *ni-zyou-baï* « vingt paires », etc.

196. — Les noms de nombre séparatifs se forment avec la particule *dzoŭtsoŭ*, ajoutée aux noms de nombre japonais :

hito-dzoŭtsoŭ « un à la fois ».   *ya-dzoŭtsoŭ* « huit à la fois ».
mi-dzoŭtsoŭ « trois à la fois ».   *tô-dzoŭtsoŭ* « dix à la fois ». etc.

197. — Les nombres fractionnaires japonais se rendent en désignant d'abord le nombre des parties constitutives de l'unité partagée (dénominateur), puis en terminant par l'énoncé du nombre de parties que l'on veut prendre de l'entier ainsi divisé (numérateur). Ainsi l'on formera de la manière suivante les nombres fractionnaires suivants :

ni-bou-itsi « de deux parties une », pour un demi.
sam-bou-itsi « de trois parties une », pour un tiers.
si-bou-san « de quatre parties trois », pour trois quarts.
zyou-bou-ni « de dix parties deux », pour deux dixièmes.
hyakoŭ bou-itsi « de cent parties une », pour un centième.
sen-bou-itsi « de mille parties une », pour un millième.

198. — La moitié se rend par le mot sinico-japonais *hañ* « demi » :

hañ-toki « une demi-heure ».   *hañ-tosi* « une demi-année ».

199. — Les Japonais emploient, lorsqu'ils énumèrent certains objets, des déterminatifs spécifiques qui indiquent la catégorie à laquelle appartiennent ces objets. Dans des conditions analogues, on dit en français « trois têtes de mouton » pour trois moutons, et en anglais « five sails of ships » (cinq voiles de navires) pour « five ships » (cinq navires). Voici les déterminatifs spécifiques les plus usités dans la langue japonaise vulgaire :

ka........ déterminatif général : *san-ka-syo* « trois endroits ».

ha « plume »   —   des oiseaux : *taka-no itsi-ha* « un faucon ».

o « queue »   —   des poissons : *hiramé mi-o* « trois soles ».

nagaré « cours d'eau » —   des rivières : *hito-nagaré-kava* « une rivière ».

nin « homme »   —   de l'espèce humaine : *yo-nin-no onna* « quatre femmes ».

hiki « pied »   —   des bestiaux : *ousi ip-piki* « un bœuf ».

maï « feuille »   —   choses disposées en feuilles : *kmi sama - maï* « trois feuilles, mains de papier ».

hoñ « tige »   —   des choses en forme de bâton ou ayant un manche : *foudé go-hoñ* « cinq pinceaux ».

tañ   —   des étoffes : *kinou ni-tan* « deux pièces de soie ».

só « voile »   —   des navires : *ko-bouné is-só* « une barque ».

ryó « roue » déterminatif général des véhicules : *kourouma san-ryó* « trois voitures ».

men « visage » — des miroirs : *kagami zyoŭ-men* « dix miroirs ».

sokoŭ « pied » — des chaussures : *koutsoŭ si-sokoŭ* « une paire de souliers ».

satsoŭ « volume » — des livres : *ni-satsoŭ-no syó-motsoŭ* « deux livres ».

DE LA NOTATION DU TEMPS.

200. — Les années se nomment en japonais *tosi* et en sinico-japonais *nen*. On dira de la sorte :

> *hito-tosi* ou *itsi-nen* ou *ik-ka-nen* « une année ».
> *mi-tosi* ou *san-nen* ou *san-ga-nen* « trois années ».
> *yo-tosi* ou *yo-nen* ou *si-ka-nen* « quatre années ».
> *tó-tosi* ou *tó-nen* ou *tó-ka-nen* « dix années », etc.

201. — Pour indiquer les dates, on fait usage au Japon des noms honorifiques donnés par les mikados aux diverses périodes de leur règne. Ainsi l'on dira :

> *An-seï san-nen* « la troisième année du « Gouvernement paci-
> « fique » pour 1856.

202. — Les ères impériales japonaises du siècle actuel sont les suivantes :

Kyó-wa	= 1801 (de n. ère).	*Ka-yeï*	= 1848 (de n. ère).
Boun-k'a	= 1804	*An-seï*	= 1854
Boun-seï	= 1818	*Man-yen*	= 1860
Tem-pó	= 1830	*Boun-kiou*	= 1862
Ko-k'a	= 1844	*Gen-dzi*	= 1864

203. — Les mois se nomment en japonais *tsoŭki*, et en sinico-japonais *gĕtsoŭ*. Ils se joignent aux noms de nombre comme les noms d'années (Voy. § 200).

204. — Les jours se nomment en japonais *hi*, et en sinico-japonais *nitsi*, ou *zitsoŭ*. Par exemple :

> *hito-hi* ou *itsi-nitsi* ou *ik-ka-nitsi* « un jour ».
> *mi-bi* ou *san-nitsi* ou *san-ka-nitsi* « trois jours ».
> *yo-hi* ou *yok-ka* « quatre jours ».

205. — Pour indiquer le quantième de chaque mois, on fait usage des expressions suivantes :

le 1ᵉʳ *tsoui-tatsi*.	le 8 *yŏ-ka*.
le 2 *foutsoŭ-ka*.	le 9 *kokono-ka*.
le 3 *mi-ka*.	le 10 *tŏ-ka*.
le 4 *yok-ka*.	le 11 *zyoŭ-itsi-nitsi*.
le 5 *itsoŭ-ka*.	le 20 *hatsoŭ-ka*.
le 6 *moui-ka*.	le 30 *mi-so-ka*.
le 7 *nano-ka*.	

206. — La journée s'appelle *hi*, le matin *asa*, le midi *hirou*, le soir *bañ* ; la nuit *yo* ; le minuit *yorou* ; le premier jour de l'année *gañ-zitsoŭ* ; le premier jour du mois *tsoŭki-gasira*.

207. — Les heures, en japonais *toki* (sinico-japonais : *zi*), au nombre de douze par journée, équivalent de la sorte à 120 de nos minutes, et sont désignées à l'aide des signes du zodiaque. Elles sont subdivisées en deux parties, la première appelée *syŏ*

« primitive », et la seconde *seï* « positive », comme on le voit dans le tableau suivant :

1. *Ne no-doki* « l'heure de la souris ».
syo, 11 h. du soir.
seï, minuit.

2. *Ousi-no doki* « l'heure du bœuf ».
syo, 1 h. du matin.
seï, 2 h. du matin.

3. *Tora-no doki* « l'heure du tigre ».
syo, 3 h. du matin.
seï, 4 h. du matin.

4. *Ou-no doki* « l'heure du lièvre ».
syo, 5 h. du matin.
seï, 6 h. du matin.

5. *Tatsoŭ-no doki* « l'heure du dragon ».
syo, 7 h. du matin.
seï, 8 h. du matin.

6. *Mi-no doki* « l'heure du serpent ».
syo, 9 h. du matin.
seï, 10 h. du matin.

7. *Moŭma-no doki* « l'heure du cheval ».
syo, 11 h. du matin.
seï, midi.

8. *Hitsoŭzi-no doki* « l'heure de la chèvre ».
syo, 1 h. du soir.
seï, 2 h. du soir.

9. *Sarou-no doki* « l'heure du singe ».
syo, 3 h. du soir.
seï, 4 h. du soir.

10. *Tori-no doki* « l'heure du coq ».
syo, 5 h. du soir.
seï, 6 h. du soir.

11. *Inou-no doki* « l'heure du chien ».
syo, 7 h. du soir.
seï, 8 h. du soir.

12. *I-no doki* « l'heure du sanglier ».
syo, 9 h. du soir.
seï, 10 h. du soir.

208. — Chaque demi-heure japonaise (60 de nos minutes) est subdivisée en quatre *kokoŭ* ou « quarts d'heure », chacun de 15 *boun* ou « minutes », et chaque *boun* en 60 *myŏ* ou « secondes ».

VII. — ADJECTIFS.

209. — Les adjectifs japonais proprement dits ne changent point de forme pour indiquer les genres, les nombres ou les cas.

210. — Ils précèdent ordinairement le substantif qu'ils qualifient :

tsiisaï mouma « le petit cheval ».   *outsoŭkousii mousoŭmé* « la jolie fille ».

kouroï kouma « l'ours noir ».   *waroui inou* « le chien méchant ».

211. — Dans les composés sinico-japonais, l'adjectif précède également le substantif et reste invariable. Ainsi l'on dit :

daï-zin « le grand homme ».   *meï-syò* « le général célèbre ».

212. — Il en est de même lorsqu'un adjectif purement japonais est employé comme qualificatif d'un mot d'origine chinoise :

yoï ten-ki « le beau temps ».   *takaï né-dan* « le prix élevé ».

nagaï keï-ko « la longue étude ».   *atarasii sim-boun* « la nouvelle récente ».

213. — Dans la langue écrite, les adjectifs, dont la désinence est *ki* lorsqu'ils précèdent le substantif qu'ils qualifient, changent cette désinence en *si* lorsqu'ils le suivent et acquièrent ainsi une idée verbale. De la sorte on écrira :

takaki-yama « la haute montagne ».   *yama taka-si*   la montagne est haute ».

warouki tora « le méchant tigre ».   *tora warousi* « le tigre est méchant ».

Dans la langue parlée, ces désinences *ki* et *si* sont simplifiées en *i* dans les deux cas :

takaï yama « la haute montagne ».   *yama-wa takaï* « la montagne est haute ».

waroui tora « le méchant tigre ».   *tora-wa waroui* « le tigre est méchant ».

214. — L'adjectif est quelquefois employé dans sa forme radicale et sans aucune désinence ; mais alors il sert à la formation de mots dérivés dont la signification pratique n'est plus positivement celle des éléments qui les composent. Il en est de même en français quand on dit « arc-en-ciel », ce qui signifie « l'iris » et non point un arc ordinaire placé au ciel, — « ciel de lit », qui signifie une sorte de « baldaquin » et non point le firmament placé sur un lit. On formera de cette manière :

aka-gané « le cuivre » et non « un métal rouge quelconque » qui se dirait *akaï gané*.

naga-saki « la ville du Long-Cap » et non « un long cap quelconque » qui se dirait *nagaï-saki*.

ko-bito « un nain » et non « un homme petit » qui se dirait *tsiisaï hito*.

oho-tori « une autruche » et non « un grand oiseau » qui se dirait *ohoï-tori*.

215. — On forme également des adjectifs avec la particule du génitif *no* (§ 18), tels que :

moukaï-no iyè « maison antique », litt. « maison de l'antiquité ».

ten-no meï « volonté céleste », litt. « volonté du ciel ».

Dans certains cas, cette forme doit être employée nécessairement, la désinence en *ki* ou *i* pouvant entraîner des malentendus; ex. :

siro-no ki-mono « un habit blanc », *siroki-mono* désignant « un objet blanc ». Toutefois, dans la langue parlée, la forme *siroï-ki-mono* ne peut laisser aucun doute dans l'esprit de l'auditeur.

216. — Dans les dialectes provinciaux, il existe quelques modifications de la désinence adjective. Ainsi, à Nagasaki, l'on dira *yoka* « bon » au lieu de *yoki*, *takaka* « haut » au lieu de *takaki*; à Yédo, l'on dit vulgairement *ii-hito* « l'homme bon » au lieu de *yoï-hito*.

217. — Quand l'adjectif qualificatif est l'objet direct du raisonnement dans une phrase, il se place après le substantif; ex. :

yama-wa takaï youyé-ni, noborou koto-ga dé-ki-masenoŭ « je ne puis gravir cette montagne, parce qu'elle est haute » (c'est-à-dire « à cause de sa hauteur »).

218. — L'auxiliaire *arou* « être », ou « avoir »,

placé après certains substantifs, sert à former des
locutions qui ont une valeur adjective :

saï-waï-arou hito « un homme heureux » (de *saï-waï* « bonheur»).
fou-saï-waï-arou kodomo « un enfant malheureux » (de *fou-saï-
waï* « malheureux »).
tsoŭmi-arou mono « un individu criminel » (de *tsoŭmi* » crime »).
koto-arou si-k'an « un officier occupé » (de *koto* « affaires »).

219. — Il en est de même de l'auxiliaire *narou*
« être, devenir », qui dans la langue vulgaire est
réduit à la forme *na :*

kireï-na « joli ».   *ki-na* ou *ki-iro-na* « jaune ».
ohoki-na « grand ».   *tsiisana* « petit ».

comme dans les exemples suivants :

Kireï-na tori-ga naki-masoŭ « un joli oiseau chante ».
Daï-kou-ga ohoki-na iyé-wo taté-masoŭ « un charpentier construit une grande maison ».
Akin-do-ga ki-iro-na kinou-wo kaï-masita « un marchand a
acheté de la soie jaune ».
T'siisa-na kodomo-ga mitsi-dé hagouré-masita « un petit enfant
s'est perdu en route ».

220. — La forme adverbiale est souvent employée
par les Japonais au lieu de la forme adjective que
nous emploierions dans nos langues. Ainsi l'on dira :

Kono kodomo-va ohokikou natta « cet enfant est devenu grand »
(litt. « grandement est devenu »).
Ano syo-seï-wa gakoŭ-sya-ni nari-masyo « cet élève deviendra
grand » (litt. « deviendra à (l'état de) savant »).

221. — Le comparatif se forme à l'aide de la particule de l'ablatif *yori* ou *kara* jointe au mot aux dépens duquel se fait la comparaison ; ex.:

Ki-va iyé-yori takaï « l'arbre est plus haut que la maison « (litt. « l'arbre que la maison est haut »).

Mousoŭme-va hana-kara outsoŭkousii « la jeune fille est plus jolie que la fleur » (litt. « la jeune fille que la fleur est jolie »).

222. — On peut employer, outre cette forme, les mots *nawo* « encore plus », et *mo* « encore », pour exprimer l'idée du comparatif :

Kono hito-va aré-yori mo nawo gakoŭ-sya dé gozaï-masoŭ « cet homme-ci est plus savant que celui-là » (This man is more learned than that).

223. — Le superlatif se forme à l'aide de diverses particules, dont voici les plus usitées :

It-tsi « à l'extrême ».	*Itsi-bañ* « au premier degré ».
Motomo « beaucoup ».	
Hanahada « extrêmement ».	*Sougoŭrété* « qui excelle ».
Ito « très ».	*Zyó* « supérieur ».
Tantó « tant ».	*Saï* et *saï-zyó* « très, suprême ».
Si-gokoŭ « au plus haut point ».	

224. — L'excès s'indique à l'aide du mot *amari*, *soŭgiroŭ* :

Kono nikou-wa amari atsoŭ gozaï-masoŭ « cette viande est trop chaude » (ou « extrêmement chaude »).

Kono tsya-wa ousoŭ sougirou « ce thé est trop léger ».

VIII. — ADVERBES.

225. — Les adverbes japonais, considérés par rapport à leur forme, se divisent en deux classes principales : 1° les adverbes proprement dits ; 2° les adverbes composés ou locutions adverbiales.

226. — En japonais, l'adverbe précède le verbe qu'il qualifie.

227. — Les adverbes japonais proprement dits sont des mots simples, c'est-à-dire qu'ils ne sont point formés avec le secours d'une particule ou affixe. Tels sont : *ima* « maintenant », *késa* « ce matin ». De ce nombre il faut comprendre les adverbes sinico-japonais, comme : *koñ-nits* « aujourd'hui », *tak-sañ* « beaucoup », etc.

228. — Quelques-uns de ces adverbes se forment par la répétition du mot radical, comme : *maï-maï* « continuellement », *tabi-tabi* « souvent », *tsoŭgi-tsoŭgi* « successivement », *nitsi-nitsi* « journellement ».

229. — Différents substantifs sont employés, avec la préposition du datif *ni*, dans un sens adverbial. Tels sont : *toki-ni* « à présent », *mayé-ni* « auparavant ».

230. — On forme, en outre, une classe spéciale d'adverbes de manière, à l'aide d'adjectifs dont on change la désinence *ki* en *kou* pour la langue écrite, et *i* en *ou* pour la langue parlée. Ex. : *yoki* ou *yoï* « bon », *yokou* ou *yô* « bien »; *ohoki* ou *ohoï* « grand », *ohokou* ou *ohô* « grandement », *tsiisaki* ou *tsiisaï* « petit », *tsiisakou* ou *tsiisô* « petitement ».

Pour tous ces adverbes, la désinence japonaise *kou* ou *ou* (*ô*) peut être considérée comme l'équivalent de la désinence française des adverbes en *ment*.

231. — Les adverbes japonais, considérés par rapport à leur signification, peuvent être divisés en adverbes de temps, de lieu, de quantité, de comparaison, d'ordre, de manière, de négation, de doute, de prohibition, d'interrogation, etc. Nous donnons ci-dessous une liste de ces adverbes ou locutions adverbiales les plus usités.

1. — *Adverbes de temps.*

232. — Les principaux adverbes de temps sont :

Keó ou *koñ-nitsi* « aujourd'hui ».

Ké-sa « ce matin ».

Kinô ou *sakoŭ-zitsoŭ* « hier ».

Is-sakoŭ-zitsoŭ « avant-hier ».

Aké-no-hi ou *myô-nitsi* « demain ».

Myô-go-nitsi « après-demain ».

Hi-bi ou *nitsi-nitsi* « tous les jours ».

Ima, tada-ima ou *toki-ni* « maintenant, à présent ».

Sono-toki « alors ».

Kono-i-go « dès à présent ».

Kono-goro « en ce moment-ci ».

Saki-ni « jadis, antérieurement ».

Saki-goro « autrefois ».

Saki-hodo « un peu avant ».

Notsi-ni « plus tard, ultérieurement ».

Sono-notsi « ensuite ».

Notsi-hodo « plus tard ».

Mayé-kata « autrefois, auparavant ».

Mo-haya ou *soudé-ni* « déjà ».

Osokou « tardivement ».

Tsika-goro « dernièrement ».

Moukasi « jadis, anciennement ».

Inisiyé « originairement ».

Tsouïni « finalement ».

Arou-toki-ni « à un certain moment ».

Yagaté « bientôt ».

Hayakou « bientôt », et « vite ».

Sono-toki « alors ».

Otte « ensuite ».

Ottsoŭké « immédiatement ».

Sougoŭ-ni, sokoŭ-zi-ni ou *ziki-ni* « directement ».

Sibarakou « en peu de temps, dans un moment ».

Tsyotto « un petit moment ».

Tatsi-matsi « tout à coup ».

Kono-aïda « sur ces entrefaites ».

Sikiri-ni « sans cesse ».

Yô-yakou « à peine ».

Hisasikou « longtemps ».

Hisa-bisa « depuis longtemps ».

Hisasii-ato « jadis ».

Soré-kara ou *koré-kara* « sur ce, en conséquence ».

Saï-zen « juste auparavant ».

Kiou-ni « en hâte, vite ».

2. — *Adverbes de lieu.*

233. — Les principaux adverbes de lieu sont :

Koko ou *koko-ni* « ici ». (De *ko ko-ni* « en ce lieu-ci) ».

Soko ou *soko-ni* « là ».

Asoko ou *asoko-ni* ⎫
Kasiko ou *kasi-ko-ni* ⎭ « dans l'endroit en question », « là ».

Ces adverbes sont formés à l'aide de pronoms démonstratifs dont le caractère a été expliqué plus haut (§§ 72 à 75).

Ouyé-ni « dessus, en haut ».

Sita-ni « dessous, en bas ».

Mayé-ni ou *maë-ni* « devant ».

Notsi-ni « derrière ».

Outsi-ni « dedans, dans l'intérieur ».

Naka-ni « dedans, au milieu ».

Hoka-ni « hors, dehors ».

Soba-ni, kata-ni ou *katawara-ni* « à côté ».

Migi-ni « à droite »; — *hidari-ni* « à gauche »; — *mawari-ni* « à l'entour ».

Moukaï-ni « en face, à l'opposé ».

Doko-ni « où ? »; — *doko-kara* « d'où ? »; — *do ko-ni-mo* « partout où ».

Aï-tai « face à face ».

Dotsira « à quelle place ? »; — *kotsira* « ici »; — *atsira* « là-bas ».

Kono tokoro-ni « en cet endroit »; — *sono tokoro-ni* « en cet endroit-là ».

Ano tokoro-ni « dans l'endroit en question ». (Voy. plus haut.)

Yoso-ni ou *ta-syo* « ailleurs ».

Syo-syo « partout ».

Tsika-ni ou *tsikakou* « près ».

Tôkou ou *yen-pô* « loin ».

Yoko-ni « obliquement »; — *soûdzikaï-ni* « diagonalement »
Is-syo-ni « dans un même lieu ».

3. — *Adverbes de quantité.*

234. — Les principaux adverbes de quantité sont :

Ohokou, tak-sañ, taï-sô « beaucoup ».

Yo-hodo, amari « trop ».

Koto-gotokou « entièrement ».

Mattakou « complétement ».

Yo-keï-ni « à un haut degré ».

Nokoradzoŭ « sans exception ».

Zoui-bon « suffisamment ».

Zyou-boun « beaucoup, assez ».

Tsito ou *tsitto* « un peu ; — *tsilo-mo* « aussi peu que possible ».

Tsyô-do « juste ce qu'il faut ».

Hodo-hodo, naka-naka « presque ».

Hotoñdo « presque, à peine ».

· *Soukounakou-mo ohokou-mo nakou* « ni plus ni moins ».

Yô-yô-sité « à peine assez ».

Fou-sokoŭ « insuffisamment ».

235. — L'adverbe « nullement, pas du tout » se rend en japonais par *ik-kô*, accompagné d'un négatif :

Watakoŭsi-wa kané-no ik-kô motsi-masenoŭ « je n'ai pas du tout d'argent ».

4. — Adverbes de comparaison.

236. — L'adverbe de comparaison « comme » se rend, en japonais, par les mots *gotokou*, *tôri*, *yô.*

(*Gotokou* est la forme adverbiale de l'adjectif *gotoki*, dont la forme verbale est *gotosi*). Exemples :

Kono gotokou « comme cela »; — *také-no gotosi* « il est comme un bambou ».

Mi-masita tôri « comme ce que j'ai vu ».

Kono yô-ni « comme cela » (litt. « de cette manière »).

237. — L'adverbe « presque, à peu près complétement », se rend par les mots *taï-teï*, *yoppodo*, etc. Exemples :

Taï-teï is-sen nin gouraï « presque un millier d'hommes ».

Yoppodo dékita « à peu près complétement achevé ».

238. — Les adverbes d'ordre les plus usités sont : *saki-ni* « premièrement, devant » *nòtsi-ni* « postérieurement, ensuite, après ». L'adverbe « ensemble » se rend par les mots *is-syo-ni, tomo-ni,* etc. Exemples :

Watakoŭsi-wa saki-ni kono hoñ-wo yomi-masyó « je lirai remièrement ce livre ».

Notsi-ni anata-to is-syo-ni anata-no tsitsi-no bes-só-yé maëri-masyó « ensuite j'irai avec vous (nous irons ensemble) à la maison de campagne de votre père ».

7. — *Adverbes de manière.*

239. — Les adverbes de manière se forment généralement d'adjectifs terminés en *ki* dans la langue écrite et en *i* dans la langue parlée, par le changement de *ki* en *kou* ou de *i* en *ou*. Exemples :

Yoki ou *Yoï.*	} « bon ».	*Yokou* ou *Yó.*	} « bien ».
Warouki ou *Waroui.*	} « méchant ».	*Waroukou* ou *Waroŭ.*	} « méchamment ».

240. — Parmi les adverbes de manière, nous citerons les suivants :

Makoto-ni « véritablement » (ou « en vérité »).
Ari-teï-ni, id.

Kitto ou *hitsoŭ-zen* ou *hitsoŭ-dzyó* « certainement ».

Kanarazoŭ « sans doute ».

Tasika-ni « assurément ».

Mou-roŭ ou *roŭ-nakou* « sans contredit, sans doute ».

Tó-zen « convenablement ».

Isa-saka « une idée de, le moins du monde ».

Doo-zo « de grâce ».

Fou-tó-sité « par hasard ».

Makotorasikou « probablement ».

241. — L'abverbe *isa-saka* peut être également employé dans un sens affirmatif et dans un sens négatif :

Koré-wa makoto-ni isa-saka dé gozaï-masoŭ « cela est vraiment bien peu ».

Watakoŭsi-wa isa-saka mo sono yó-na koto-wo mósita oboyé-wa gozaï-masenoŭ « je n'ai pas souvenance de l'avoir dit le moins du monde ».

8-9. — Adverbes d'affirmation et de négation.

242. — Les adverbes d'affirmation et de négation les plus usités sont :

Heï « oui » (*haï* dans le dialecte des femmes »; *ya*, dans le dialecte de Kaga; *kouiya*, dans celui de Satsouma).

Sa-yó « oui » (dans le sens de « c'est bien cela »). — *Sayó-dé gozaï-masoŭ*, id. (forme de haute politesse).

Só « ainsi ». — *Só dé-wa naï* « il n'en est pas ainsi ». — *Só-sité mo yoï* « c'est bien comme cela ».

Iyé « non ».

10. — *Adverbes de doute et de prohibition.*

243. — Comme exemples de ces adverbes, nous citerons les suivants :

Ta-boun « peut-être ».
Fou-sin-ni « d'une manière douteuse ».
Koto-ni yottara « suivant les circonstances ».
Nazarou-na « ne veuillez pas ». (Langue écrite *nakaré* « gardez-vous de ».)

IX. — POSTPOSITIONS.

244. — Les postpositions sont des particules qui, en japonais, tiennent ordinairement lieu de nos prépositions.

245. — Les particules ou affixes employées pour les déclinaisons (§§ 15-25) sont de véritables postpositions qui modifient le rôle des substantifs et constituent leurs cas.

246. — Parmi les mots employés comme postpositions en japonais, nous citerons les suivants :

Ouyé-ni « sur, au-dessus ». — *Iyé-no ouyé-ni* « sur la maison ».
Naka-ni « dans, au milieu ». — *Kouni-no naka-ni* « dans le royaume ». ‖ *Outsi-ni* « dans, à l'intérieur ». — *Hé-ya-no outsi-ni* « dans la chambre ».
Sita-ni « sous, au bas ». — *Yama-no sita-ni* « au bas de la montagne ».

Mayé-ni ou *maë-ni* « devant, avant ». — *Téra-no maë-ni* « devant le temple ». — *Kitarou maë-ni* « avant de venir ».

I-zen * « avant ».

Notsi-ni « derrière, après ». — *Néta no tsi-ni* « après avoir dormi ». — *Sono notsi* « ensuite ».

I-go * « après ».

Oura-ni « intérieurement, du côté interne ». — *Go-teñ-no oura-ni* « dans l'intérieur du palais ».

Omoté « au dehors, du côté externe ».

Saki-ni « en avant, avant ». — *Hanasoŭ saki-ni* « avant de parler ».

Ousiro-ni « en arrière, après ». — *Iyé-no ousiro-ni* « derrière la maison ».

Ato-ni « derrière ». — *Sono ato* « ensuite ».

Hoka « en dehors, excepté ».

Aïda-ni « dans l'intervalle ». — *Mi-toki-no aïda-ni* « dans l'espace de trois heures ».

Moukaï-ni « en face ».

Kata-ni « au côté ».

So-ba-ni « près, à côté de ».

Mawari-ni « autour ».

Si-daï-ni « successivement ».

Yori ou *kara* « de, à partir de ».

Madé « jusqu'à ».

Tsouité « concernant ».

Moukaïté « contre, à l'encontre ».

Taï-sité « en face, à l'opposé ».

X. — CONJONCTIONS.

247. — Les conjonctions japonaises, considérées par rapport à leur forme, se divisent en conjonctions simples et en conjonctions composées ou locutions conjonctives.

248. — Considérées au point de vue de leur signification, elles peuvent être divisées en conjonctions collectives, disjonctives, conditionnelles, adversatives, conclusives, augmentatives.

1. — Conjonctions collectives.

249. — Parmi les conjonctions collectives, nous mentionnerons ici les suivantes :

Mata « et, en outre ».
To et, « avec, en compagnie de ».
Tomo-ni « avec, ensemble ».
Oyobi « et, en outre ».
Sô-sité « et alors, puis ».

250. — La conjonction <i>to,</i> comme le <i>que</i> des latins, se place après le substantif :

Sakoŭ-zitsoŭ watakoŭsi-va foudé-to kami-wo kaï-masita « j'ai acheté des pinceaux et du papier ».

251. — Parfois on exprime la conjonction « et » en faisant usage du gérondif, comme dans l'exemple suivant :

Kono syo-mots-wo saki-ni yomi-masité, hoka-no-wo ato-dé o yomi nasaï-masï « lisez d'abord ce livre et ensuite l'autre ».

2. — Conjonctions disjonctives.

252. — Nous citerons parmi les conjonctions disjonctives :

Ka
Okata } « ou, ou bien, soit ».

Sikasi « mais».

Sikasi-nagara « mais, néanmoins ».

Kéré-domo « quoique ».

To-iyé-domo « quoique » (littéralement : quoiqu'on dise).

253. — La conjonction *ka* se place après le substantif comme dans l'exemple suivant :

Anata-va ingris-go ka, fransoŭ-go-wo o hanasi nasaï-masoŭ ka? « Parlez-vous l'anglais ou le français? »

3. — *Conjonctions conditionnelles et adversatives.*

254. — Au nombre des conjonctions conditionnelles et adversatives sont les suivantes :

Mosi « si, pourvu que ».

Naraba
Nara } « si ».

Bakari « seulement ».

255. — La conjonction *nara,* avec la suffixe partitive *va* ou *ba*, se joint aux verbes pour indiquer le conditionnel :

Ni-hoñ zi-biki-wo kaï-masenoŭ-naraba, syo-motsoŭ-no kotoba-wo hayakou wakari-masoŭ-maï « si je n'achète pas un dictionnaire japonais, je ne comprendrai pas rapidement l'idiome des livres ».

Yorosiï sina nara né-dan-ni-wa kamaï-masenoŭ « pourvu que cette marchandise soit de bonne qualité, peu importe le prix [1] ».

---

1. Rev. S. R. Brown, *Colloquial Japanese*, p. 80.

256. — Le mot *bakari* répond à la locution française « ce n'est que » :

Kono sina-no né-dañ-wa, sañ frankoŭ bakari gozaï-masoŭ « le prix de cet article n'est que de trois francs ».

4. — Conjonctions conclusives.

257. Les conjonctions conclusives les plus importantes sont :

Kara
Yoŭyé-ni } « parce que, puisque, de ce que. »
Soré-kara « en conséquence, d'après cela, ensuite. »
Sore-dé-va « ensuite ».

258. — Les *kara* et *youyé-ni* suivent toujours le substantif ou le verbe auquel ils se rapportent :

Watakoŭsi-va ouropa-ni i-dô-wo nagakou manabi-masita kara, iro-iro-no byo-ki-wo yokou wakari-masoŭ « je connais bien tous les genres de maladies, parce que j'ai longtemps étudié la médecine en Europe ».

Ano kodomo-wa gakoŭ-moñ-wo manabi-masenoŭ youyé-ni, sen-seï-wa ikari-masyó « le maître se fâchera parce que cet enfant n'étudie pas les sciences ».

259. — *Youyé-ni* s'emploie également dans le sens de « à cause de » :

Anata-no youyé-ni rai-neñ Yédo-yé mairi-masyó « l'année prochaine j'irai à Yédo à cause de vous ».

XI. — INTERJECTION.

260. — Les Japonais emploient un certain nombre d'interjections dans le langage familier. Ces interjections varient pour la plupart de province à province. Nous citerons cependant les suivantes qui sont d'un emploi à peu près général :

Hé « bon! c'est bien! »
Né « hein! n'est-ce pas? »
Aa « hélas! »
Ii « hé! »
Saté-saté « ah! » (exprime l'admiration, la douleur, etc.).

261. — L'interjection *hé,* parfois *heï,* est prononcée pour indiquer qu'on suit clairement le raisonnement de la personne qui vous parle. De la sorte, il est répété fréquemment pendant la durée du discours de l'interlocuteur.

262. — *Né* est d'un emploi très-fréquent, surtout dans le dialecte de Yédo. Ainsi l'on dira :

Ano hito né « cet homme, hein! »...
Soré-kara né « ensuite, hein! »...
Sô-da né « c'est cela (n'est-ce pas?) »...

XII. — DE L'INTERROGATION.

263. — Les mots japonais qui servent à l'interrogation appartiennent à plusieurs catégories grammaticales différentes. Néanmoins il est préférablé, au point de vue pratique, de les trouver réunies dans un même paragraphe.

264. — Les formes primitives ou radicales des pronoms interrogatifs sont :

Do.	*Its (itsoŭ).*	*Na.*
Da.	*Ik (ika).*	

265. — La forme *do* produit les pronoms interrogatifs suivants :

Dono « quel, quelle? »
Donna, id.
Dore « quoi? »
Donata « qui? »
Doko « où? » (litt. en quel lieu?)

Dotsi « où? » (litt. en quelle terre?)
Dono yô « comment? » (litt. de quelle façon?)
Doré-daké « combien? »
Doré-hodo, id.

266. — La forme *da* produit les pronoms interrogatifs suivants :

Dare « qui? »   *Daré-ga* « de qui? »

267. — La forme *itsoŭ* (vulgairement *idzoŭ*) produit les pronoms interrogatifs suivants :

Itsoŭ « quand? »
Itsoŭ-madé « jusqu'à quand? »

Idzoŭré « qui? quoi? quél? quelle? »

268 — La forme *ik (ika)* produit les pronoms interrogatifs suivants :

Ikou « combien ? »

Ikoutsoŭ « combien ? »

Ikoutari « combien d'indivi-
dus ? »

Ikoura « combien ? » (à quel
chiffre ?)

Ikou-nitsi
Ikoŭ-ka } «combien de jours ? »

Ikou-tabi « combien de fois ? »

Ika-ga « combien ? quoi ? pourquoi ? »

Ika-hodo « combien ? » (quelle
quantité ?)

Ika-narou « de quelle sorte ? »

Ika-ni « quoi ? comment ? »

269. — La forme *na* produit les pronoms interrogatifs suivants :

Nani « quoi ? »

Nañ (contraction de *nani*), id.

Nañ-doki « quelle heure ? »

Nañ-do « combien de fois ? »

Nañ-no « de quoi ? de quel ? »

Nañ-zo « comment ? »

Nañ-da (pour *nanidé arou*)
« qu'est-ce ? »

Nani-goto « pourquoi ? pour
quelle raison ? »

Nani-ka « qu'y a-t-il ? »

Nani-mono « quelle chose ?
quelle personne ? »

Nani-tozo « plaît-il ? »

Nani-sina «, quelle date ? »

SECONDE PARTIE.

DE L'EMPLOI DE CERTAINS MOTS OU PARTICULES.

は VA.

Onna-va hána-wo soŭki-masoŭ « la femme aime les fleurs ».

Watakoŭsi-va Nippoñ-no saké-wo soŭki-masénoŭ « je n'aime pas le vin japonais ».

Nippoñ-no tabako-va yorosyou (ou yó) gozaï-masoŭ-ga, Sinano-va waroŭ gozaï-masoŭ « le tabac japonais est bon, mais le tabac chinois est mauvais ».

Nippoñ-ni-va yoï-onna-ga tak-sañ gozaï-masoŭ « au Japon il y a beaucoup de jolies filles ».

Kono otoko-wo-ba korositaï-mono dé gozaï-masoŭ « cet homme est un individu que j'ai envie de tuer ».

Watakoŭsi-va Ouropa-no kotoba-wo tsoŭkaï-masoŭ-ga, sikasi nihoñ-no wo-ba yokou tsoŭkaï-masénoŭ « je comprends les langues européennes, mais je ne comprends pas le japonais ».

の NO.

Hito-no tsoŭma « l'épouse de l'homme ».

Kisaki-no kousa « la fleur de l'impératrice ».

Mina-no hito « tout le monde ».

Soubété-no hito « tout le monde ».

Founé-no ikari « l'ancre du vaisseau ».

Makoto-no kotoba « une parole vraie », litt. « une parole de vérité ».

Watakousi-no syo-mots « mon livre », litt. « le livre de moi ».

Anata-no zi-biki « ton dictionnaire », litt. « le dictionnaire de toi ».

*Watakousi-no kokoro-va yorosyou gozari-masoŭ, sikasi ano-hito-**no**-wa waroŭ gozari-masoŭ* « mon cœur est bon, mais celui de cet homme est mauvais ».

*Ano o kata-no iyé-wo mada mi-masenoŭ, sikasi anata-**no**-wo tabi-tabi mi-masita* « je n'ai pas encore vu sa maison, mais j'ai souvent vu la tienne ».

*Ni-dañ mé-**no** mado-wo go-rañ nasaï-masi* « regardez la fenêtre au second étage ».

*Kono té-gami-wo saki-ni kaki-masité, hoka-**no**-wo ato-dé o kaki-nasaï-masi* « écrivez d'abord cette lettre, vous écrirez l'autre ensuite ».

か゛ GA.

*Hito-**ga** ki-masita* « quelqu'un est venu ».

*Kono ki-no ouyé-ni tsiisaï tori-**ga** naki-masoŭ* « un petit oiseau chante sur cet arbre ».

*Daï-kou-**ga** ki-dé ohoki-na tsoŭkouyé-wo tsoŭkouri-masoŭ* « le charpentier fait une grande table avec du bois ».

*Anata-**ga** soŭkou hito-va, ingirisoŭ-no hito dé gozaï-masoŭ ka?* « sont-ce les Anglais que vous aimez? »

*Ano hito-wa taï-gaï watakoŭsi-no mósoŭ koto-**ga** wakari-masita* « il a compris à peu près mes paroles ».

*Yédo-no heï-sotsoŭ-wa Yokohama-dé tané-**ga** sima-wo kaï-masita* « le soldat de Yédo a acheté un pistolet à Yokohama » (*Tané-ga sima*, litt. « l'île des graines », est l'endroit où ont été introduits pour la première fois les pistolets européens).

*Yôropa-no kaïko-wa waroŭ gozaï-masoŭ **ga**, sikasi Nippoñ-no-wa tada-ima madé itsi-bañ yorosyou gozaï-masoŭ* « les vers à soie européens sont mauvais, mais les vers à soie japonais jusqu'à présent sont excellents ».

*Ano akin-do-wa wa-**ga** mi-wo omoï-masoŭ, sikasi karé-no tsitsi-wa waré-wo omoï-masoŭ* « ce marchand (ne) pense (que) à lui, mais son père pense à moi ».

ぁ NI.

*Ni-bañ mé-**ni** mousoŭmé-wo go-rañ nasaï-masaï* « regardez cette jeune fille au second étage ».

*Ano o kata-wa dañ-dañ-**ni** ni-hoñ go-wo yokou wakari-*
 masyó « peu à peu il comprendra bien la langue japonaise ».

*Ano heï-sotsoŭ-wa taï-syô-**ni** nari-masyó* « ce soldat deviendra
 général ».

*Fouta toki-no outsi-ni yorou-**ni** nari-masyó* « dans deux heures
 il fera nuit ».

*Kono hito-**ni**-wa koñ-bañ aï-nikoui* « je n'aimerais pas à voir cet
 homme ce soir ».

*Myô-nitsi-wa ten-ki-**ni** nari-masyó* « il fera beau temps demain ».

*Kono hoñ-wa naka-naka youmou-**ni** moudzoŭkasiou gozaï-*
 masoŭ « ce livre est très-difficile à lire ».

*Nihoñ-**ni**-wa iro-iro-no Yóropa-no gakoŭ-moñ-wo manabi-ma-*
 soŭ « on étudie toutes sortes de sciences européennes au
 Japon ».

*Watakoŭsi-sin-**ni** kono té-gami-wo kaki-masyó* « j'écrirai moi-
 même cette lettre ».

*Anata-wa konata-**ni** o idé nasaï* « veuillez venir chez moi ».

*Ano hito-wa tsoŭne-bito-**ni** gozaï-masenoŭ* « ce n'est pas un
 homme ordinaire ».

ヘ ou ゑ ou 无 *YÉ*.

*Ano kodomo-wa nitsi-nitsi Yokohama-kara Yédo-**yé** maïri-*
 masoŭ « cet enfant va tous les jours de Yokohama à Yédo ».

*Asoko-**yé** o idé nasarou-na* « n'allez pas là ».

*Kono tsiisaï inou-wo koko-**yé** motté o idé nasarou-na* « n'ap-
 portez pas ici ce petit chien ».

*Watakoŭsi-wa tabi-tabi ano onna-no inou-**yé** kono sara-no*
 sina-wo yari-masoŭ « je donne souvent de ce plat au chien
 de cette femme ».

か ら *KARA*.

*Watakoŭsi-wa yama-**kara** dé-masoŭ* « je viens de la montagne ».

*Asita yô-ga arou **kara** dé nikoui* « je ne puis sortir ce soir
 parce que j'ai des occupations ».

*Ten-ki-ga waroui-***kara*** *arouké-masenoŭ* « comme le temps est mauvais, je ne puis aller me promener ».

*Watakoŭsi-no tomo-datsi-wa syoŭt-tatsoŭ sité-***kara***, té-gami-wo okosi-masenoŭ* « mon ami ne m'a pas écrit depuis son départ ».

Mikado-wa taï-syô-ni hobi-wo yari-masoŭ, karé-ga yokou hataraki-masoŭ ***kara*** « l'Empereur récompense le général, parce qu'il accomplit bien son devoir ».

*Kono yama-***kara*** ano kawa-madé itsi-ri ari-masoŭ* « il y a une lieue de cette montagne à cette rivière ».

ト TO.

*Anata-wa kano hito-***to*** doko-ni o asobi nasaï-masoŭ ka?* « où allez-vous vous amuser avec cet homme ? »

Soro-soro ***to*** *o arouki nasaï-masi* « promenez-vous lentement ».

Hito-wa taï-gaï kono sim-boun-wo makoto-dé naï ***to*** *omoï-masoŭ* « on pense en général que cette nouvelle n'est pas vraie ».

テ DÉ.

*Ano kodomo-wa foudé-***dé*** kaki-masoŭ* « cet enfant écrit avec un pinceau ».

*Ano hito-wa hasi-***dé*** tabé-masoŭ* « cet homme mange avec des bâtonnets ».

*Ano hito-wa Yédo-***dé*** gozaï-masoŭ* « cet homme est de Yédo ».

*Yama-***dé*** sika-ga naki-masoŭ* « le cerf crie dans la montagne ».

*Kono hána-wa hanahada kireï-***dé*** gozaï-masoŭ* « cette fleur est très-jolie ».

*Kòno go-ten-wa mi-goto-***dé*** gozaï-masoŭ* « ce palais est admirable ».

*Tsoŭ-zi-wa Foŭransoŭ-kara Nippoñ madé founé-***dé*** maïri-masita* « l'interprète est venu de France au Japon sur un navire ».

*Kono mousoŭmé-wa kago-***dé*** tabi-wo si-masoŭ* « cette jeune fille voyage dans un palanquin ».

*Watakoŭsi-domo-wa mitsi-**dé** hanasi-masyó* « nous causerons en chemin ».

*Kono tsoŭkouyé-wa Ohosaka-**dé** kosirayé-masita* « ce bureau a été fabriqué à Osaka ».

*Anata-no o motsi nasarou mono-wa, nañ-**dé** gozaï-masoŭ ka?* « qu'est-ce que vous avez? »

*Anata-no go ki-gen-wa dó-**dé** gozaï-masoŭ ka?* « comment va votre santé? »

*Soré-wa koñ-nitsi soŭrou-békou koto **dé**-wa ari-masénoŭ* « ce n'est pas de cela qu'il s'agit aujourd'hui ».

*Kono mousoŭmé-wa kourouma-**dé** mori-ni arouki-masoŭ* « cette jeune fille se promène en voiture dans le bois ».

*Watakoŭsi-no tsitsi-wa mitsi-**dé** iro-iro-no tabé-mono-wo kaï-masyó* « mon père achètera en route toutes sortes d'aliments ».

*Mikado-no katana-wa Ohosaka-**dé** tsoŭkouri-masita* « le sabre de l'Empereur a été fait à Osaka ».

৳ *MO.*

*Watakoŭsi-ni **mo** soŭkosi-no saké-wo koudasaï-masi* « veuillez me donner encore un peu de vin ».

*Tsitto **mo** tabako-wo motsi-masenoŭ* « je n'ai pas du tout de tabac ».

*Ano hito-wa nañto **mo** ii-masenoŭ* « il ne dit rien ».

*Koré-wa do **mo** nari-masenoŭ* « on ne sait pas comment faire ».

*Matsoŭ-wa itsoŭ **mo** awo gozaï-masoŭ* « le pin est toujours vert ».

*Taré **mo** ki-masenoŭ* « personne ne vient ».

*Watakoŭsi-wa **mo** (pron. *mó*) tabé-masenoŭ* « je ne mangerai plus ».

*Anata-wa **mo** (*mó*) tsoŭkaré-masita ka?* « êtes-vous déjà fatigué? »

VERBE *FALLOIR, AVOIR BESOIN.*

Watakoŭsi-wa koñ-nitsi kono hoñ-wo yomanéba nari-masenoŭ « il faut que je lise ce livre aujourd'hui ».

Kono iyé-wo raï-neñ-wa naosanéba nari-masenoŭ « il faudra réparer cette maison l'année prochaine ».

Ano matsi-ni youkou-ni-wa zé-hi kono mitsi-wo toranéba nari-masenoŭ « pour aller dans cette ville, il est nécessaire de traverser cette route ».

Kaëri-masoŭ-ni-wa zé-hi-tomo kourouma-ni nori-maséneba nari-masenoŭ « il faut prendre une voiture pour s'en retourner ».

VERBE *FAIRE FAIRE.*

Watakoŭsi-wa kono siro-wo ohokou-no daï-kou-ni taté-sasé-masoŭ « je fais bâtir un château par beaucoup de charpentiers ».

Ano hito-wa nin-sokoŭ-ni niwa-no ki-wo kirasé-masoŭ « il fait couper les arbres du jardin par des journaliers ».

Moŭma-ya-wa ohokou-no moŭma-ni takoŭ-saň koŭwasé-masoŭ « le maquignon donne beaucoup à manger à un grand nombre de chevaux ».

Amé-ga kireï-na hána-wo sakasé-masoŭ « la pluie fait fleurir de jolies fleurs ».

くたさい KOUDASAI.

Watakoŭsi-ni konò hoň-wo **koudasaï** « donnez-moi ce livre ».

Ano hito-ni kono koto-wo itté **koudasaï** « dites cette chose à cet homme ».

Anata-no kodomo-ni kono tsiisaï hon-wo osiyeté **koudasaï** « expliquez ce petit livre à votre enfant ».

Kono sina-wo watakoŭsi-no outsi-ni motté-itté **koudasaï** « apportez-moi cette chose chez moi ».

Watakoŭsi-no tomo-datsi-ni té-gami-wo kaïté **koudasaï** « veuillez écrire une lettre à mon ami ».

れいであさい *O IDÉ-NASAI.*

Asoŭ-no baň-ni watakoŭsi-no outsi-ni **o idé-nasaï** « veuillez venir chez moi demain soir ».

Koň-ya siba-ï-ni **o idé-nasaï** « veuillez aller ce soir au théâtre ».

Watakoŭsi-no outsi-ni syokoŭ-zi-wo si-ni **o idé-nasaï** « veuillez venir dîner chez moi ».

Anata-wa koň-nitsi kono matsi-ni **o idé-nasaï***-masoŭ ka?* « allez-vous aujourd'hui dans cette rue ? »

ふさるな NASAROU-NA.

Anata-no kané-wo o misé **nasarou-na** « ne faites pas voir votre argent ».

Myó-nitsi-wa gakoŭ-kó-ni **o idé-nasarou-na** « veuillez ne pas aller ce soir à l'école ».

まうす MOSOU.

Watakoŭsi-wa ano hito-ni yoki hanasi-wo **mósi**-*masoŭ* « j'ai dit de bonnes paroles à cet homme ».

Kono hito-wa watakoŭsi-no tomo-datsi-ni sim-boun-wo **mósi-**-*masoŭ* « cet homme a dit des nouvelles à mon ami ».

Foŭransoŭ dé-wa hito-wo homoŭ to **mósi**-*masoŭ* « pour *hito* on dit *homme* en français ».

Anata-wa kono koto-wo omosiroï to **mósi**-*masita* « vous avez dit que cette chose était jolie ».

Myó-nitsi-wa sam-pó-ni youki **mósan** *ka?* « nous irons faire une promenade demain » (locution de la province de Satsouma). — *Myó-nitsi-wa sam-pô si-masen ka* « id. » (langue de Yédo).

FORME PASSIVE DE COURTOISIE.

Anata-va watakoŭsi-no outsi-yé yokou iraséraré masita « vous êtes le bienvenu chez moi ».

Anata-va nani-ka mési-agararc masoŭ ka? « que prenez-vous pour votre repas? (que mangez-vous?) »

Anata-va myó-nitsi anata-no yakoŭ-syo-ni iraséraré-masoŭ ka? « allez-vous demain à votre bureau? »

Anata-no okou-sama-wa koñ-bañ siba-ï-ni iraséraré-masoŭ ka? « votre dame va-t-elle ce soir au théâtre? »

VERBES PRONOMINAUX.

Watakoŭsi-wa kodomo-ni kéga-wo sasi-masoŭ « je blesse l'enfant ».

Watakoŭsi-wa kega-wo si-masoŭ « je me blesse ».

Karioudo-wa yama-no kouma-wo korosi-masoŭ « le chasseur
tue l'ours de la montagne ».

Ano bim-bó-nin-wa sakoŭ-zitsoŭ zi-gaï si-masita « ce pauvre
homme s'est tué hier ».

*Yokohama-no sitaté-ya-wa watakoŭsi-no tsitsi-ni ki-mono-wo
kisé-masoŭ* « le tailleur de Yokohama habille mon père ».

Watakoŭsi-wa ki-mono-wo ki-masoŭ « je m'habille ».

Haha-wa nitsi-nitsi tsiisaï mousoŭmé-wo syó-yó sasé-masoŭ
« la mère promène tous les jours la petite fille ».

*Gakoŭ-sya-wa youki-ga fouri-masoŭ to iyédomo, sima-zima-
ni syó-yó itasi-masyó* « bien qu'il tombe de la neige, le savant
se promènera dans les îles ».

たい、たふ、たがる TAI, TO, TAGAROU.

*Watakoŭsi-wa mougi-saké-wo nomi-**tó** gozaï-masoŭ* « je désire
boire la bière ».

*Ano-yama-wo koyété omosiroki tokori-ni youki-**tó** gozaï-
masoŭ* « je voudrais aller à un joli endroit en passant par
cette montagne ».

*Watakoŭsi-wa raï-neñ Amérika-ni youki-**taï*** « je désire aller
en Amérique l'année prochaine ».

*Ano hito-wa kono iké-no ouwo-wo tori-**taï*** « il désire prendre
les poissons de cet étang ».

*Kono inou-wa sakana-wo koui-**tagari**-masoŭ* « ce chien
veut manger le poisson ».

*Watakoŭsi-no kodomo-wa anata-no outsi-ni youki-**tagari**-
masoŭ* « mon enfant veut aller chez vous ».

DE QUELQUES ADVERBES.

*Narou-také **hayakou** o idé nasaï-masi* « venez le plus tò
possible ».

*Watakoŭsi-wa **tomo-kakou-mo** sono koto-wo itasi-masyó*
« je ferai cela bon gré mal gré (sans intention, fatalement) ».

*Watakoŭsi-wa **tonto** kono hanasi-wo kiki-masénanda* « je n'ai
jamais entendu ce langage ».

Ano hyakoŭ-syó-wa ki-wo **mabara-ni** *ouyé-masila* « ce paysan a planté des arbres çà et là ».

Daï-kou-wa **mabara-ni** *iyé-wo talé-masila* « le charpentier a construit çà et là des maisons ».

Watakoŭsi-wa **sara-ni** *kono hito-wo siri-masenoŭ* « je ne connais nullement cet homme ».

Yóropa-no hito-wa **sara-ni** *Fou-zi-yama-no médzoŭrasii tokoro-wo mi-masénanda* « les Européens n'ont jamais vu les localités merveilleuses du mont Fouzi ».

Watakoŭsi-wa **keïsité** *kono sim-boun-wo kiki-masenanda* « je n'ai jamais entendu cette nouvelle ».

Watakoŭsi-wa **yó-yó** *kono hoñ-wo koko madé yomi-masila* « je n'ai encore à peine lu ce livre ».

Ano o kata-wa anata-no mósou koto-ga **taï-teï** *wakari-masila* « ce monsieur a compris à peu près ce que vous avez dit ».

Byó-nin-wa **soro-soro-to** *arouki-masénanda youyé-ni, sini-masila* « le malade est mort parce qu'il ne se promenait pas lentement ».

Watakoŭsi-wa **ima** *hoñ-wo yoñdé i-masoŭ* « je lis un livre en ce moment » (présent).

Watakoŭsi-wa **ima-gata** *kiki-masila* « j'ai entendu tout à l'heure » (il y a un moment, passé).

Ima-*ni maëri-masyó* « je viendrai tout à l'heure » (dans un moment, futur).

Koko-ni hito-ga **tak-san** *ori-masoŭ* « il y a ici beaucoup de monde ».

Hána-ga sono-ni **tak-san** *saki-masila* « il y a beaucoup de fleurs d'épanouies dans le jardin ».

Watakoŭsi-wa anata-ni **maï-maï** *go meñ-do-wo négaï-masoŭ* « je vous donne bien souvent de la peine ».

Koré-kara **tsoŭgi-tsoŭgi** *dé kourouma-wo tori-masyó* « désormais nous prendrons la voiture l'un après l'autre ».

Amé-ga fourou **toki-ni**-*wa kodomo-wa komari-masoŭ* « les enfants sont ennuyés quand il pleut ».

Keó-*kara watakoŭsi-wa keï-ko-wo hadzimé-masoŭ* « je commence à étudier à partir d'aujourd'hui ».

Kinó-*wa matsoŭri-ga yokou déki-masita* « la fête était très-jolie hier ».

Nitsi-yó-bĭ watakoŭsi-wa Nihoñ go-wo manabi masyó, sono **aké-no** *hi-wa sina go-wo hadzimé-masyó* « j'étudierai dimanche le japonais, le lendemain je commencerai le chinois ».

Syó-ki-sya-ga **hi-bi** *ni London-yé dé-masoŭ* « le train part tous les jours pour Londres ».

Tada-ima inou-ga hoyé-masita, **sono toki**-*ni kodomo-ga naki-masita* « un chien a aboyé tout à l'heure, alors l'enfant a pleuré ».

Kono i-go-*wa watakoŭsi-wa mo (mó) saké-wo nomi-masoŭ-maï* « désormais je ne boirai plus de vin ».

Kono-goro-*wa siba-ï-ni taï-só iri-ga ari-masoŭ* « dans ce moment-ci il y a beaucoup de monde qui va au théâtre ».

Saki-goro *anata-kara kiki-masita hanasi-wo watakousi-wa wasoŭré-masita* « j'ai oublié les paroles que je vous ai entendu dire autrefois ».

Notsi-hodo *o mé-ni kakari-masyó* « nous nous reverrons plus tard ».

Maë-kata *sitsi-ni iré-masita, tokeï-wo koñ-nitsi oké-dasi-masita* « j'ai retiré la montre que j'avais engagée autrefois au mont-de-piété ».

Mo-haya *kaki-no zi-setsoŭ dé gosaï-masoŭ* « c'est bientôt la saison des huîtres ».

Ano-hito-wa **soudé-ni** *sira-ga haë-masita* « il a déjà blanchi ».

Watakoŭsi-wa **tsika-goro** *yama-no té-ni soumaï sité ï-masoŭ* « je demeure au pied de la montagne ». — .... *soŭmatté ï-masoŭ* « id. » (dialecte de Yédo),

Moukasi *Taï-kó-ga Tsyó-señ-wo sémé-masita* « jadis Taïko-sama a vaincu la Corée ».

Kimi-no hó-you-wa **tsouï-ni** *sini-masita* « votre ami est enfin mort ».

Yagaté *kono founé-wa sioŭp-pañ si-masyó* « le navire partira bientôt ».

Anata-kara karita kané-wa **otte** *haraï-masyó* « je vous rendrai plus tard l'argent que vous m'avez prêté ».

Teki-heï-ga **ottsoŭké** *kono ba-syo-ni ki-masyó* « les troupes ennemies viendront ici dans un moment ».

Kono hoñ-wo **soŭgou-ni** *hañ-ko si-masyó* « je ferai imprimer ce livre de suite ».

Tsyotto *ko-tsi mouité go-rañ nasaï* « tournez-vous, un peu de ce côté-ci ».

Sakoŭ-zitsoŭ kokoro-mi outsi-wo si-masita tokoro-ga taï-hó-ga **tatsi-matsi** *waré-masita* « le canon qu'on mit hier à l'essai s'est brisé tout à coup ».

Kimi-wa **sikiri-ni** *ano hito-no outsi-ni irassyaï-masoŭ* « vous allez constamment chez cet homme-là ».

Syo-kwaï-no nin-zoŭ-ga **yo-yakou** *go-hyakoŭ-nin-ni nari-masita* « le nombre des membres de cette réunion est à peine de cinq cents ».

Anata-no go kyô-daï-wa **hisa-bisa** *tabi-ni irassyaï-masoŭ* « monsieur votre frère est en voyage depuis longtemps ».

Kiou-ni *o idé nasaï* « venez en hâte ».

Komo kourouma-wo **aï-taï** *dé yato ï-masita* « j'ai loué cette voiture sans intermédiaire ».

Ano ko-wa ima **yoso-ni** *yatté ari-masoŭ* « on a envoyé cet enfant ailleurs ».

Heï-sotsoŭ-ga **syo-syo-ni** *hari-bañ silé ï-masoŭ* « il y a partout des sentinelles ».

Syó-syô *kané-wo kasité koudasaï-masi* « prêtez-moi un peu d'argent ».

Myo-nitsi hána mi-ni **is-syo-ni** *maëri masyó* « demain nous irons ensemble contempler les fleurs ».

Sakoŭ-zitsoŭ-wa **taï-só** *kaminari-ga nari-masita* « il a beaucoup tonné hier ».

Komo té-boukouro-wa **yohodo** *watakoŭsi-ni ohokikou ari-masoŭ* « ces gants sont trop grands pour moi ».

TROISIÈME PARTIE.

DE LA LANGUE VULGAIRE, DE LA LANGUE ÉCRITE ET DU STYLE ÉPISTOLAIRE.

Les trois formes de la langue japonaise que l'on désigne sous le nom de langue vulgaire, langue écrite et style épistolaire, présentent des différences tellement sensibles, non-seulement au point de vue des mots employés dans chacune d'elles, mais encore au point de vue de la grammaire, qu'on a été jusqu'à dire que ces trois formes constituaient trois langues différentes. Nous n'avons pas à nous occuper, dans cette première partie du *Cours pratique,* des règles de l'idiome écrit du japonais. Il nous a paru cependant utile de signaler ces profondes différences aux élèves et de leur rappeler que celui qui est arrivé à parler couramment la langue usuelle peut, malgré cela, être dans l'absolue impossibilité de comprendre la moindre page d'un livre ou d'une lettre d'affaire. Ce sera donc en abordant l'étude des volumes de notre seconde et de notre troisième section que l'on pourra acquérir une connaissance suffisante du japonais pour comprendre tous les documents qui pourront se rencontrer dans les rapports des Européens avec les insulaires de l'extrême Orient.

Voici à titre de spécimen quelques phrases de la langue parlée dont on verra les modifications lorsqu'il s'agira de les rendre en style des livres ou en style épistolaire :

1. — LANGUE PARLÉE.

Nippoñ-ni tabi-wo itasi-masoŭ koto-wa, kañ-yó-dé gozaï-masoŭ. Tó-zi-wa zyó-ki-sya narabini zyó-ki-sen-no hatsoŭ-

mé kara wadzŭka go-zyoŭ nitsi-dé Nippoñ-to Fouransoŭ-to-no o-raï-ga déki-masoŭ.

Nihoñ-go-wo sirou–hito-ni-wa kan-yô-dé so-silé omosiró gozaï-masoŭ, soŭkosi-mo sono kouni-no kotoba-wo siranou mono-ni-wa, Nihoñ-zin-to tsoŭki aou koto-ga déki-masenoŭ youyé-ni karé-ra-to tori-hiki-ga déki-masenoŭ bakari-dé nakou yokou kokou-naï narabi-ni sono kouni-no yô-soŭ-wo sirou koto-ga déki-masénoŭ.

TRADUCTION FRANÇAISE.

Les voyages au Japon ont acquis de l'importance. Depuis l'invention des chemins de fer et des bateaux à vapeur, on ne met que cinquante jours pour aller de France au Japon. C'est fort intéressant et agréable pour les personnes qui comprennent bien le japonais. Au contraire, les personnes qui ne le comprennent pas, non-seulement ne peuvent se mettre en relations avec les habitants du pays et ne peuvent faire des affaires, mais encore il leur est extrêmement difficile d'étudier les mœurs de cette contrée.

II. — LANGUE ÉCRITE.

Voici maintenant le petit morceau qui précède traduit en langue écrite, c'est-à-dire dans un des styles les plus répandus dans les monuments de la littérature japonaise classique ou sérieuse :

日本國ヲ經歴スルコトハ尤切要也佛國ヨリ

日本ニ到ルニ蒸氣車及火輪舩ノ發明ヨリ僅

二五十日ヲ費スベシ若旅客能日本語ヲ解シアラシ

者ニハ緊要ニシテ且愉快ナラシ此ニ反レテ其

語ヲ不解者ハ國人ト交リ不能故ニ諸事ヲ其爲

レ不能而已ナラス其國内及其風俗ヲ遍ク知ルコト甚ダ難レ

TRANSCRIPTION (STYLE DES LIVRES).

Nippoñ kokou-wo keï-reki soŭrou koto-va, mottomo setsoŭ-yó nari. Foutsoŭ kokoŭ-yori Nippoñ-ni itarou-ni zyó-ki-sya oyobi kwa-rin-sen-no hatsoŭ-meï-yori, wadzoŭka-ni go-zyou nitsi-wo tsouiyasoŭ besi; mosi ryo-kakoŭ yokou Nippoñ go-wo kaï-sitarañ mono-ni-va, kin-yó-ni sité, katsoŭ you-kwaï narañ; koré-ni hañ-sité, sono go-wo kaï-sézarou mono-wa, kokou-zin to mazivari atavazoŭ youyé-ni syo-zi-wo tomo-ni nasi atavazoŭ nomi narazoŭ; sono kokou-naï oyobi sono foŭ-zokoŭ-wo amanékou sirou-koto hanahada katasi.

III. — STYLE ÉPISTOLAIRE.

Le style épistolaire ne diffère pas moins de la langue parlée que du style des livres, ainsi qu'on le verra par la traduction suivante.

Nous nous bornerons à remarquer ici que l'auxiliaire 丈す *masoŭ*, (p. e. *soŭki-masoŭ, kaki-masoŭ*, etc.), qui est remplacé dans le style des livres par *nari* ou supprimé complète-ment[1], est rendu dans le style épistolaire par le verbe *sóró*[2] (さふらふ) ou par la locution *zoñzi-tatématsoŭri-sóró* (ぞんぞたてまつりさふらふ).

---

1. Dans le style des livres, on emploie les verbes dans la forme que nous avons donnée comme étant, dans la pratique, celle du langage des supérieurs aux inférieurs (voy. p. 116 et suiv.). On fait également usage dans ce style de l'auxiliaire *tamó* (たまふ), radical *tamaï*, passé *tamóta*, futur *tamawan*, conditionnel *tamayéba*, etc.

2. Passé *soraïsi*, futur *sorawan*, conditionnel *sorayeba*.

Haï-keï, sikareba Nippoñ kokou-no you-reki-va si-gokoŭ setsoŭ-yó-no koto to zoñ-zi latématsoŭri sóró saté syó-ki siou-sya-no hatsoŭ-meï koré ari-sóró i-raï-va Foutsoŭ kokoŭ, to Nippoñ-no aïda wadzoŭka go-zyou nitsi-ni sité, ó-foukoŭ tsoŭka matsoŭrou békou-sóró. Ryo-kakoŭ mosi sono kokoŭ go ni tsoŭ-zi soravaba yeki koto-ni ohokou katsoŭ you-kwaï-ni sórawan, sikasi kokou-go-wo kaï-sézarou mono-wa kokou-zin to mazivarou koto atavazoŭ-sóró youyé-ni, tagaï-ni koto-wo okonó nomi narazoŭ; sono kokou naï kakoŭ-tsi-no foŭ-sioŭ-wo mo ken-kiou aï-nari gatakou zoñzi latématsoŭri sóró.

TABLE DES MATIÈRES.

	Pages.
Préface.	V
Jugements de divers savants	X

PREMIÈRE PARTIE.

| Des différentes espèces de mots. | 33 |

CHAPITRE PREMIER.

NOMS OU SUBSTANTIFS.

I. — Noms propres	34
II. — Noms communs.	36
III. — Pronoms	47
1. Pronoms personnels.	47
2. — possessifs	59
3. — démonstratifs.	62
4. — réfléchis.	66
5. — indéfinis.	68

CHAPITRE SECOND.

VERBES.

Observations générales sur les verbes.	70
IV. — Langage de courtoisie. — Du verbe auxiliaire *masi-masoŭ*	72
— — actif.	73
— — passif	80
— — adjectif.	88
— — causatif	96
— — optatif.	102
— — pronominal.	104
— — impersonnel	104
— verbes composés	107
— verbes honorifiques	107

46

Pages.

V. — Langage des supérieurs aux inférieurs   116

    Des radicaux verbaux et de la conjugaison   116
    Première conjugaison. — Formation des temps.   118
    Seconde conjugaison. — Formation des temps   123
    Troisième conjugaison. — Formation des temps. . . .   130
    Conjugaison négative   135

CHAPITRE TROISIÈME.

MOTS DE CONDITION.

VI. — Numération.   138
    De la notation du temps   145

VII. — Adjectifs   148
    Degrés de comparaison : comparatif.   152
               —   superlatif.   152

VIII. — Adverbes.   153
    1. Adverbes de temps   154
    2.   —   de lieu. . . , ...   155
    3.   —   de quantité.   156
    4.   —   de comparaison   157
    5.   —   d'ordre et de collection   158
    6.   —   de manière   158
    7.   —   d'affirmation et de négation.   159
    8.   —   de doute et de prohibition   160

IX. — Postpositions.   160

X. — Conjonctions.   161
    1. Conjonctions collectives.   162
    2.   —   disjonctives.   162
    3.   —   conditionnelles et adversatives . . .   163
    4.   —   conclusives   164

XI. — Interjection   165

XII. — De l'interrogation   165

SECONDE PARTIE.

Pages.

DE L'EMPLOI DE CERTAINS MOTS OU PARTICULES. 168

Va. 168
No. 168
Ga. 169
Ni. 169
Yé. 170
Kara. 170
To. 171
Dé. 171
Mo. 172
Verbe « falloir, avoir besoin ». 172
Verbe « faire faire ». 173
Koudasaï. 173
O idé-nasaï. 173
Nasarou-na. 174
Mósou. 174
Forme passive de courtoisie. 174
Verbes pronominaux. 174
Taï, tó, tagarou. 175
De quelques adverbes. 175

TROISIÈME PARTIE.

DE LA LANGUE VULGAIRE, DE LA LANGUE ÉCRITE ET DU STYLE
ÉPISTOLAIRE. 179

FIN.

Achevé d'imprimer

LE VINGT-UN AOUT MIL HUIT CENT SOIXANTE-TREIZE

PAR J. CLAYE

RUE SAINT-BENOIT, 7

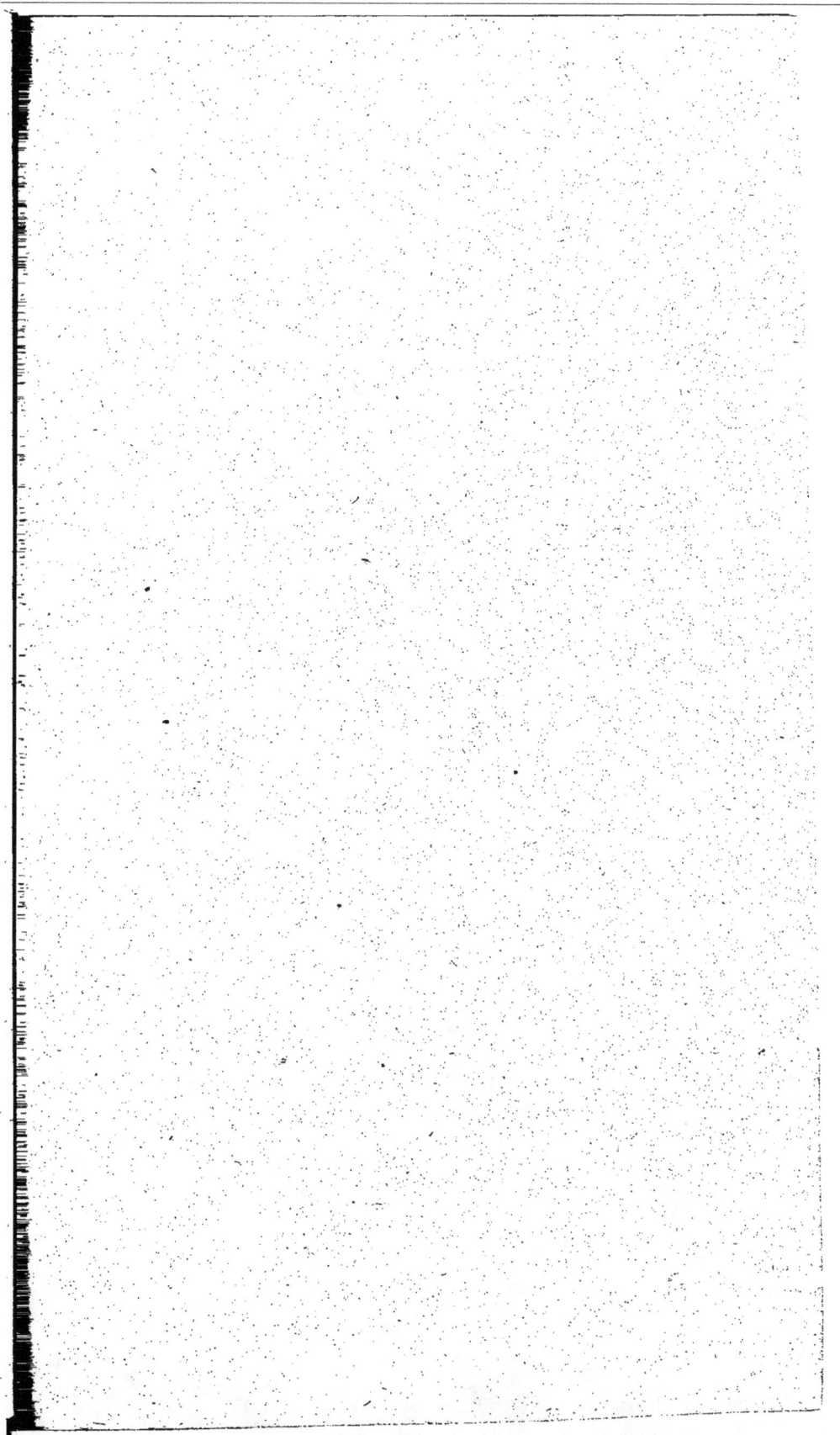

COURS PRATIQUE DE LANGUE JAPONAISE

A L'USAGE DES ÉLÈVES DE L'ÉCOLE SPÉCIALE DES LANGUES ORIENTALES

Par LÉON DE ROSNY.

Le Cours pratique de langue japonaise se composera de 20 volumes répartis en trois séries. Voici la liste des volumes déjà publiés.

1re année. — Enseignement élémentaire (langue vulgaire).

INTRODUCTION A L'ÉTUDE DE LA LANGUE JAPONAISE. Résumé des principales connaissances nécessaires pour l'étude de cette langue. 2e *édition*. . . . . 3 fr. 50
ÉLÉMENTS DE LA GRAMMAIRE JAPONAISE (langue vulgaire). . . 5 fr.
GUIDE DE LA CONVERSATION JAPONAISE, précédé d'une Introduction sur la prononciation en usage à Yédo. 2e *édition*, augmentée du texte original en écriture vulgaire. . . . . 5 fr.
TEXTES FACILES ET GRADUÉS EN LANGUE JAPONAISE VULGAIRE, accompagnés d'un Vocabulaire japonais-français . . . . 5 fr.
THÈMES FACILES ET GRADUÉS POUR L'ÉTUDE DU JAPONAIS, accompagnés d'un Vocabulaire français-japonais de tous les mots renfermés dans le recueil, planches d'écritures. . . . . 5 fr.

2e année. — Langue écrite sinico-japonaise.

DICTIONNAIRE DES SIGNES IDÉOGRAPHIQUES DE LA CHINE, avec leur prononciation usitée au Japon, accompagné de la liste des signes idéographiques particuliers aux Japonais, d'une table des caractères cycliques et numériques, d'un index géographique et historique, d'un glossaire japonais-chinois des noms propres des personnes. . . . . 20 fr.
RECUEIL DE TEXTES JAPONAIS (pièces diplomatiques, historiques, littéraires, etc.). . . . . 9 fr.

3e année. — 1er semestre. — Langue écrite et littérature.

GRAMMAIRE JAPONAISE, accompagnée d'une notice sur les différentes écritures japonaises, d'exercices de lecture, et d'un aperçu du style sinico-japonais. 2e *édition*, pl. . . . . 6 fr. 50

2e semestre. — Style épistolaire, diplomatique et commercial. — Littérature.

ANTHOLOGIE JAPONAISE. Poésies anciennes et modernes des insulaires du Nippon, traduites en français et publiées avec le texte original. Avec une préface par ED. LABOULAYE, de l'Institut. . . . . 80 fr.
    Publication de luxe. Impression en caractères elzéviriens sur papier vergé de Hollande. Texte autographié et tiré sur papier orné de dessins japonais, etc., etc.

LE MÊME OUVRAGE. Texte japonais seul, accompagné d'un Vocabulaire, à l'usage des étudiants. . . . . 4 fr. 80

www.ingramcontent.com/pod-product-compliance
Lightning Source LLC
Chambersburg PA
CBHW070414090426
42733CB00009B/1664